LA

SAISINE HÉRÉDITAIRE

EN DROIT ROMAIN

PAR

ERNEST DUBOIS

PROFESSEUR A LA FACULTÉ DE DROIT DE NANCY

PARIS

L. LAROSE, LIBRAIRE-ÉDITEUR

22, RUE SOUFFLOT, 22

1880

LA

SAISINE HÉRÉDITAIRE

EN DROIT ROMAIN

(Extrait de la *Nouvelle Revue historique de droit français et étranger*.)

CORBEIL, — typ. et stér. CRÉTÉ.

LA
SAISINE HÉRÉDITAIRE
EN DROIT ROMAIN

PAR

ERNEST DUBOIS
PROFESSEUR A LA FACULTÉ DE DROIT DE NANCY

PARIS

L. LAROSE, LIBRAIRE-ÉDITEUR

22, RUE SOUFFLOT, 22

1880

LA
SAISINE HÉRÉDITAIRE
EN DROIT ROMAIN

I

LA SAISINE ET L'USUCAPION PRO HEREDE

EXAMEN CRITIQUE DU TEXTE DE GAIUS ANCIEN (GÖSCHEN) ET NOUVEAU (STUDE-
MUND) SUR L'USUCAPION PRO HEREDE EN PRÉSENCE D'HÉRITIERS NÉCESSAIRES.
— Gaius, II, 58 ; III, 201 ; L. 2, Code, *De usuc. pro herede*, VII, 29.

SOMMAIRE

1-3. Idée d'une saisine héréditaire en droit romain. But de la présente
étude. — 4. La saisine et l'usucapion *pro herede*. — 5-12. L'usucapion
pro herede en présence d'héritiers nécessaires, avant Gaius : opinions, sur
la loi 2 au Code, de la Glose, Bartole, Doneau, Cujas, Duaren, Branchu,
Thibaut. — 13-16. L'usucapion en présence d'héritiers nécessaires, depuis
la découverte de Gaius jusqu'à la publication de l'*Apographum* de M. Studemund (1820-1874). Établissement du texte ancien des §§ 58 et 201 de
Gaius ; éditions allemandes (Göschen, Klenze, Heffter, Lachmann, Böcking, Gneist, Huschke), et françaises (Blondeau, Laboulaye, Pellat,
Giraud). —17-32. Opinions des auteurs : Allemagne, Gans, Hugo, Schweppe,
Arndts, Unterholzner, Puchta, Huschke, Scheurl, Kuntze, Sell, Keller, Leist ;
France, Etienne, Fresquet, Demangeat, Demenget, Accarias, Huc, Machelard ; Belgique, Van Wetter, Maynz, Rivier ; Italie, Serafini. — 33-35.
La publication de l'*Apographum* de M. Studemund ; son importance ; établissement du texte nouveau des §§ 58 et 201 ; éditions Polenaar, Krueger
et Studemund, Huschke, Gneist, Muirhead. — 36-38. Opinions des auteurs : Hollande, Goudsmit ; France, Accarias ; Allemagne, Huschke,
Pernice. — 39-48. Comment il résulte de l'impossibilité d'usucaper *pro
herede* en présence de tous les héritiers nécessaires, qu'ils acquéraient
tous de plein droit la possession, en même temps que la propriété de la
succession, en un mot, qu'ils avaient la saisine.

1. — Dans l'histoire des législations comparées, comme
dans celle de chaque législation particulière, la possession et
la saisine comptent parmi les sujets les plus attachants, mais
aussi parmi les plus difficiles. Il y règne encore beaucoup

d'obscurité, malgré les travaux nombreux dont ils ont fait l'objet en France et à l'étranger, et malgré le mérite de ces travaux, dont plusieurs sont de premier ordre.

On n'est pas fixé sur les rapports mêmes de la saisine avec la possession, ni surtout sur les rapports de l'une et de l'autre avec une troisième institution, la *Gewere* du droit germanique. Tandis que les uns établissent entre ces trois termes et les institutions auxquelles ils s'appliquent, des différences remarquables et profondes, d'autres y voient de telles ressemblances qu'ils vont jusqu'à les confondre et à les identifier.

Ce n'est pas sans crainte que j'aborde un sujet aussi ardu et que je hasarde contre l'opinion commune, pour ne pas dire unanime, l'assertion que la saisine héréditaire a existé en droit romain ; bien plus, qu'elle n'y existait pas seulement dans des cas extraordinaires et rares, mais bien dans le cas ordinaire et normal, celui où les enfants succèdent à leur père, soit en vertu d'un testament, soit *ab intestat* (héritiers *siens et nécessaires*), et en outre dans un autre cas, très fréquent aussi, car les textes le mentionnent à chaque instant, celui où l'héritier institué par testament est le propre esclave du testateur (héritier simplement *nécessaire*).

L'idée est-elle nouvelle?—Oui et non.—Elle l'est, je le crois du moins, en ce qui concerne l'héritier nécessaire, affranchi par le testament qui l'institue. Mais, quant à l'héritier sien, elle n'est rien moins que nouvelle, puisque déjà chez les premiers glossateurs elle paraît avoir eu des partisans. Pendant plusieurs siècles, on l'a soutenue avec ardeur, mais aussi avec une exagération qui l'a compromise et qui a fini par la perdre. On croyait y voir l'origine de la saisine coutumière du droit français. On prétendait justifier notre célèbre maxime *le mort saisit le vif*, dont la formule est si proprement et si essentiellement française, en montrant qu'elle venait du droit romain. C'était une erreur assurément, car notre saisine ne vient pas du droit romain. Aussi fut-elle combattue par les romanistes. A leur tour, ceux-ci tombèrent plus d'une fois dans des erreurs non moins graves, en luttant contre la prétendue origine romaine de la saisine française. Cujas fut un de ceux qui contribuèrent le plus à discréditer l'opinion qu'il aurait existé en droit romain quoi que ce fût qui ressemblât à la saisine coutumière. Autant il avait raison sur certains points, autant il se trompait sur d'autres. A partir de la fin du seizième siècle, l'idée d'une saisine des héritiers siens en droit romain, ou ce qui est la même chose en d'autres termes, l'idée d'une acquisition *ipso jure* de la possession par ces héritiers, perd sans cesse du terrain, si bien que de nos jours elle n'a plus aucun crédit. Il y a plus, et comme si, dans cette matière, on ne pouvait éviter un excès que pour tomber dans un autre, il s'est établi un usage qui, si général qu'il soit aujourd'hui, n'en doit pas moins être blâmé, celui de ne plus même faire à la question l'honneur de la mentionner. Non seulement on n'admet pas que la possession soit acquise à l'héritier sien, *ipso jure*, en même temps que la propriété, mais on ne prend pas même la peine de le dire. On se contente de poser en règle que l'*héritier* n'acquiert la possession que par un acte d'appréhension, acte distinct de l'*adition*, laquelle lui fait acquérir seulement la propriété. Cela est certain, quand il s'agit d'un héritier externe ou volontaire, le seul qui ait à faire adition. Mais, par cela seul, on considère la même règle comme suffisamment établie pour l'héritier sien, lequel n'a pas à faire adition, et à plus forte raison pour l'héritier simplement nécessaire, qui n'a pas non plus d'adition à faire. Toutefois, je le répète, on ne le dit pas en termes exprès pour les deux classes d'héritiers nécessaires, tant la chose paraît aller de soi. C'est à tort, évidemment ; on ne devrait pas laisser au lecteur le soin de tirer à lui seul une pareille conséquence. Si implicite, si forcée qu'elle puisse paraître, elle vaut la peine d'être au moins indiquée.

2. — Je me propose de combattre l'opinion qui, aujourd'hui, règne en maîtresse si absolue que l'on semble vouloir effacer jusqu'au souvenir même, ou au moins jusqu'à la mention de sa rivale. Je voudrais reprendre l'ancienne thèse de l'acquisition *ipso jure* de la possession par l'héritier sien, la rajeunir, la dégager des erreurs qu'on y avait mêlées autrefois, et, s'il est possible, la faire reconnaître comme un principe fondamental du droit romain.

Je crois pouvoir y ajouter celle d'une saisine héréditaire semblable au profit de l'esclave, héritier simplement nécessaire.

On le voit, je n'hésite pas à prendre comme synonymes les deux manières de s'exprimer *saisine héréditaire* et *acquisition ipso jure de la possessi par l'héritier*. Ce sont, à mon avis, deux expressions différentes de la même idée : seulement, la première est plus française, la seconde, plus romaine.

3. — L'existence de la saisine héréditaire en droit romain repose sur une double base, d'un côté, sur des textes précis de jurisconsultes romains, spécialement sur des textes de Gaius relatifs à l'usucapion *pro herede*, d'autre part, sur la communauté d'origine des Romains, des Germains et de beaucoup d'autres peuples, et sur la *copropriété de famille* qui, par suite, a été l'une des institutions fondamentales du très ancien droit romain, ainsi que de celui des Germains et de bien d'autres encore.

Je considère ces deux bases comme aussi indispensables l'une que l'autre à l'établissement de ma thèse. L'une, la copropriété de famille, est la plus large et elle est elle-même le fondement de la première; elle fournit les raisons historiques et morales, ce que l'on peut appeler les arguments généraux. Mais, si elle était seule, elle pourrait paraître insuffisante et vague, et puisqu'il est possible de présenter en sa faveur des arguments particuliers, des raisons techniques et proprement juridiques, il ne faut pas négliger ces dernières. C'est même par elles que je crois préférable de commencer.

I

La saisine héréditaire et l'usucapion pro herede

4. — La première partie de ma tâche consiste à expliquer, par l'idée d'une saisine héréditaire en droit romain, ce que les textes nous apprennent sur l'usucapion *pro herede*.

Les plus importants de ces textes ne nous sont connus dans leur véritable leçon que depuis peu d'années (1). Ils nous apprennent que l'usucapion *pro herede*, impossible quand il existe soit des héritiers siens, soit des héritiers simplement nécessaires, ne peut avoir lieu que si les héritiers sont externes ou volontaires. Pourquoi en est-il ainsi? — C'est, je vais

(1) **Depuis 1874** seulement, c'est-à-dire depuis que M. Studemund a publié le nouvel *Apographum* des Institutes de Gaius (V. *infra*, notes 91-93).

essayer de le montrer, parce que les héritiers siens et les héritiers simplement nécessaires (esclaves) ont la saisine héréditaire, tandis que les héritiers externes ou volontaires sont les seuls qui ne l'aient pas.

On a proposé beaucoup d'autres explications. Je dois établir, d'abord, que toutes ces explications sont inadmissibles ou insuffisantes, et ensuite, que celle qui se tire de la saisine est, au contraire, aussi simple et aussi complète que possible.

La division du sujet est fournie par l'état lui-même des textes ; différent, avant 1816, de celui que nous a donné la découverte des Institutes de Gaius, il a été de nouveau modifié par la publication de M. Studemund, qui leur a fait subir, en 1874, un changement considérable. J'étudierai donc successivement l'état des textes et les opinions des auteurs : 1° avant la découverte de Gaius ; 2° depuis cette découverte (première édition de Gaius, donnée en 1820 par Göschen), jusqu'à la publication de l'*Apographum* de M. Studemund ; 3° depuis cette dernière publication.

I. — L'USUCAPION PRO HEREDE EN PRÉSENCE D'HÉRITIERS NÉCESSAIRES AVANT LA DÉCOUVERTE DE GAIUS.

5. — Le texte unique sur la matière était la loi 2 au Code de Justinien, *de usucapione pro herede*, VII, 29, rescrit de Dioclétien et Maximien ainsi conçu : Nihil pro herede posse usucapi, suis heredibus existentibus, magis obtinuit (2).

Jusqu'en 1820, on a donné de ce texte un grand nombre d'explications. Elles peuvent se ramener toutes à l'une ou à l'autre des deux idées suivantes :

1° Ce qui est déclaré impossible, c'est l'usucapion *par les héritiers siens* eux-mêmes.

2° C'est l'usucapion *par des tiers*, lorsqu'il existe des héritiers siens.

6. — La première de ces idées paraît la plus ancienne. On la trouve déjà dans la Glose sur ce texte du Code ; elle y est

---

(2) C'est ainsi, c'est-à-dire avec les mots *magis obtinuit*, qu'on lit ce texte dans la plupart des éditions et encore dans celle de Hermann (Kriegel), Leipzig, 1843. Nous verrons plus bas (n° 46), les raisons de préférer la leçon donnée par M. Krueger, dans son édition récente, Berlin, 1875.

ainsi exprimée : *Casus. — An sui... possint usucapere pro herede, quæritur. Dicitur quod non* (3).

Bartole l'approuve, sans y rien ajouter, et sans même la reproduire, se contentant de dire *rationem ponit glossa* (4). Appuyée sur de telles autorités, elle a eu beaucoup de partisans, parmi lesquels je me bornerai à citer Doneau. C'est un de ceux qui l'ont présentée de la manière la plus plausible(5).

Dans ce système, l'usucapion *pro herede* est considérée comme une institution établie, non pas contre l'héritier, mais en sa faveur. Elle aurait eu pour but de lui permettre d'acquérir, en sa qualité d'héritier, une chose qui ne fait pas partie de la succession, mais qu'il croit en faire partie. Il y aurait eu toutefois une classe d'héritiers qui, par exception, n'aurait pas pu usucaper à ce titre, savoir celle des héritiers *siens*. Pourquoi? Par application de l'idée qui les fait considérer, même du vivant de leur père, comme propriétaires en quelque sorte (*quodammodo dominos*, ainsi que le dit Paul, l. 11, Dig. *de liberis et post.* 28, 2) du patrimoine paternel. Cette idée entraîne la conséquence qu'ils n'acquièrent pas à vrai dire une hérédité, mais plutôt une administration plus libre de biens, qui leur appartenaient déjà (*non hereditatem percipere, sed magis liberam administrationem*, même loi 11). Or, disait-on, s'il n'y a pas d'*hérédité* à proprement parler, on conçoit qu'ils ne puissent pas usucaper à titre d'*héritiers*; les héritiers externes seront donc les seuls qui le puissent. C'est là précisément ce que dit la loi 2 au Code.

Doneau ajoute qu'il avait existé un doute, auquel le rescrit vient mettre fin, doute qui est attesté par les mots *magis obtinuit*. Sur quoi portait ce doute? Doneau pensait : 1°) qu'il portait sur le point de savoir si la qualité d'héritiers siens devait entraîner cette conséquence, 2°) qu'il fut résolu affirmativement, comme il devait l'être en effet, 3°) qu'il ne portait pas et qu'il ne pouvait pas porter sur l'impossibilité de l'usucapion au profit de non-héritiers, car pour eux, par cela même qu'ils n'étaient pas vraiment héritiers, ils ne pouvaient cer-

(3) Corpus juris civilis, cum commentar. Accursii, Daoys, Lugduni, 1618. Fehius, Lugduni, 1627. Éditions dites du Lion moucheté.

(4) Bartoli, in XII libros Cod. Comm., Basileæ, 1562, sur le titre du Code, vii, 29.

(5) Commentar. de jure civili, lib. V, cap. XIV, 17-19. Donelli opera, Florentiae, 1840, t. I, p. 1075.

tainement pas usucaper à titre d'héritiers, ce titre, comme tous les autres titres *ad usucapionem*, devant exister en réalité et non pas seulement dans la simple opinion du possesseur.

Cette doctrine renferme plusieurs éléments de vérité. C'est en particulier avec grande raison que le célèbre fragment de Paul sur les héritiers siens, y était regardé comme le siège de la matière, ce qui, depuis, a été plus d'une fois méconnu (6). Mais s'il y avait quelque chose de juste dans l'idée qu'en un certain sens ils ne sont pas, à proprement parler, des *héritiers*, c'était en faire une fausse application que d'en conclure qu'ils n'auraient pas eu un droit héréditaire reconnu aux héritiers externes. Il y avait là un résultat choquant et inadmissible; il n'est pas vraisemblable, en effet, que les héritiers siens eussent été privés d'un droit héréditaire qui aurait appartenu aux héritiers externes. L'objection, décisive, fut assez vite aperçue, et fut signalée plus ou moins vivement, en France, par Duaren (7), en Savoie, par Ant. Favre (8), en Belgique, par Perez (9), en Allemagne, par Lauterbach (10) et par beaucoup d'autres. Aussi, avant même la découverte de Gaius, cette première explication de la loi 2 au Code, était-elle généralement abandonnée. Gaius lui porta le dernier coup, en montrant que l'usucapion *pro herede* n'était pas destinée à faire acquérir quoi que ce fût à l'héritier, mais qu'elle avait été, au contraire, instituée contre l'héritier, pour lui enlever ce qu'il laisserait usucaper par des tiers. L'usucapion *pro herede* a, sans doute, subi bien des modifications dans la suite des âges, mais elle n'a pas pu subir une transformation telle qu'elle serait devenue, au temps de Dioclétien et de Justinien, le contre-pied de ce qu'elle avait été auparavant (11).

(6) V. ci-dessous *passim* et spécialement n° 30.

(7) Ad. tit. de liberis et postumis; Duareni, Selectæ interpretationes, Lugduni, 1584, p. 459.

(8) Ant. Fabri, De erroribus pragmaticorum, Decas XXXII, error V, 8-16, Lugduni, 1568, t. I. «... Non satis mirari possum vulgares nostros interpretes, qui tam male feriati sunt ut putent sententiam... esse... ne possit suus heres... usucapere... et ob id deterioris conditionis esse... quod in ceteris omnibus sit melioris. »

(9) Perezii, Prælectiones in XII. lib. Codicis, Amstelodami, 1671; sur le titre de *Usuc. pro her.* n° 4.

(10) Collegium theorico-practicum, Tubingæ, 1711; sur le titre du Dig. *Pro herede*, § 2.

(11) L'observation en est faite très justement par Unterholzner, *Verjäh-*

7. — Une fois écartée l'interprétation de la loi 2 au Code consistant à dire qu'elle déclarerait l'usucapion impossible *par* les héritiers siens, il faut dire que ce qu'elle décide, c'est l'impossibilité de l'usucapion par des tiers, *contre* des héritiers siens. Tel est en effet le point de départ commun de toutes les autres explications, si divers qu'en soient d'ailleurs les résultats et les conclusions.

Notre grand Cujas, toujours si fécond, s'est occupé à plusieurs reprises de la loi 2, qu'il déclare *satis difficile explicatu* (12); il en a donné deux explications très différentes. — L'une consiste à dire que c'est seulement l'usucapion *pro herede* proprement dite que le rescrit repousse, mais qu'à son défaut, il y aura une usucapion *pro bonorum possessore*, espèce d'usucapion *pro herede* appropriée aux successeurs du droit prétorien, qui, n'étant pas *heredes*, ne peuvent pas usucaper *pro herede*. Il faut supposer, dit Cujas, que les héritiers

rungslehre, § 197, Leipzig, 1828, t. I, p. 375; mais il ne la met pas suffisamment en relief, et il se borne à l'indiquer. Il convient au contraire d'y insister, car elle fournit un argument décisif contre l'existence de la prétendue usucapion *pro herede*, trop généralement admise, *au profit* de l'héritier qui possède comme héréditaire une chose étrangère à la succession, l. 3, Dig. *pro herede*, 41, 5. — Est-ce assez de bannir cette usucapion à titre de *pro herede*, sauf à l'admettre à titre de *pro suo?* C'est ce dont se contentent Unterholzner (même §, note 373), et beaucoup d'autres après lui, par exemple, M. Accarias, *Précis de Droit romain*, n°° 234 et 244, t. I, 3° édit. 1879, p. 560 note 2 et 581 note 2). — Je crois qu'il faut aller beaucoup plus loin : on doit dire que, dans le droit de Justinien, il ne reste plus rien ni de l'usucapion contre l'héritier, ni de l'usucapion par l'héritier, soit à titre *pro herede*, soit à titre *pro suo*. C'est une conséquence de la règle générale établie, selon moi, comme absolue dans le droit de Justinien et qui a passé avec ce caractère dans le droit moderne, savoir que l'usucapion doit reposer sur un titre réel et non sur un titre simplement putatif (§ 11, J. *de Usucapionibus*, II, 6).

Il suit de là que les titres du Digeste et du Code *pro herede* ne devraient pas s'y trouver. Les compilateurs de Justinien ne leur ont fait place que par la force de l'habitude, mais il est fort remarquable que ces titres ne renferment que des textes d'après lesquels il n'y a pas lieu à cette usucapion.

Ce n'est pas à dire que celui qui se croit héritier, ne puisse absolument rien usucaper, dans le droit de Justinien. Il pourra invoquer l'usucapion dite *extraordinaria*, créée par Justinien lui-même et qui tempère la rigueur de l'exclusion absolue du titre putatif dans l'usucapion *ordinaria*. En effet, pour l'usucapion *extraordinaria*, la bonne foi seule est exigée (L. 8. § 1, C. de præsc. *XXX vel LX annor.* VII, 39... *si quidem bona fide... tenuerit, simile possit uti præsidio*, rapproché du Pr. ... *etiam actionem ad vindicandam re... bere*). Le juste titre n'y étant pas requis, on ne saurait y parler du titre *pro herede*.

(12) Cujacii pera, Fabrot, Paris, 1658. Recitationes, ad tit. *Unde liberi* Code, 6, 14, t. V des op. postumorum, col. 691.

siens, dont il est parlé au rescrit, ont usé du bénéfice d'abstention ; leur qualité d'héritiers, qui, malgré leur abstention, bénéfice prétorien, n'en subsiste pas moins en droit civil, empêche qu'il y ait, d'après ce même droit civil, d'autres héritiers qu'eux-mêmes. Les agnats ne pourront donc venir à la succession que comme *bonorum possessores ;* par suite, ils usucaperont *pro possessore*, c'est-à-dire en vertu d'un titre qui est, dans la rubrique même du Digeste, assimilé au titre *pro herede* (Rubrique *Pro herede vel pro possessore*, Dig. 41, 5). — Cette première explication est reproduite jusqu'à trois fois dans les œuvres de Cujas (13) ; elle a été suivie par Denis Godefroi (14), par Pothier (15) et par un grand nombre d'autres.

8. — La seconde explication de Cujas ne se trouve qu'une fois dans ses œuvres (16). Elle repose sur une tout autre idée, sur celle de la propriété de la succession paternelle qui, par la qualité des *sui heredes*, est considérée comme leur appartenant déjà du vivant de leur père. Cette qualité est telle que leur présence empêche aussi absolument l'usucapion *pro herede* que s'il n'y avait pas d'hérédité du tout, et que le défunt fût encore vivant (17). — Cette explication a eu aussi beaucoup de partisans, soit en France, soit hors de France, par exemple en Espagne, Majans (18), en Hollande, Voët (19).

(13) **Dans les Paratitla**, sur la loi 2 au Code, 7, 29, Fabrot, t. II des op. priorum, col. 251 ; — dans les Recitationes sur le même titre, t. V des op. postumorum, col. 1039 ; — enfin sur le titre *Unde liberi*, à l'endroit cité note précédente.

(14) Sur la loi 2 au Code, 7, 29, Corpus des Elzévirs, van Leeuwen, Amstelodami, 1663 ; mais Godefroi ne cite pas Cujas.

(15) *Pandectes*, sur le titre *pro herede*, n. 2, en note ; Pothier ne cite pas Cujas non plus.

(16) Du moins, je ne l'y ai trouvée qu'une fois ; mais on sait combien les recherches dans les œuvres de Cujas sont difficiles, même avec le *Promptuarium* de l'édition de Naples, à plus forte raison, lorsqu'on ne l'a pas, ce qui est le cas à Nancy. — Une table nouvelle et générale de Cujas, s'appliquant à toutes les éditions, rendrait de grands services en permettant de recourir plus souvent à ses œuvres, où il y a encore beaucoup à apprendre, mais qui sont trop peu consultées, à cause précisément de la difficulté des recherches.

(17) Commentarius ad tit. Dig. *pro herede*, Fabrot, t. I des *op. priorum*, col. 1171. « ...nec acquirere bona dicuntur sed retinere, ideoque suorum conditio talis est ut retro paterna bona obtinuisse videantur. Ea igitur bona *quasi viventis* bona *pro herede* usucapi non possunt ».

(18) Majansius, disputationes jur. civ. t. II, p. 254. Je n'ai pu vérifier la citation, que j'emprunte à Unterholzner, note 370, 2.

(19) Ad tit. Dig. 41, 5, n. 2. Hagæ-Comitum, 1936, t. II, col. 636.

Elle est plus simple et plus large que la première et elle est aussi beaucoup plus vraie. Elle a le mérite de placer la question sur le terrain qui est réellement le sien, celui de la loi 11 de Paul, c'est-à-dire sur celui de la copropriété des héritiers siens dont elle tire, on le voit, une conséquence tout opposée à celle qu'en tiraient la Glose et Doneau. Elle touche la vérité de si près, que Cujas l'aurait atteinte très probablement, s'il n'en eût été empêché par ses idées fausses sur la saisine.

9. — Que faut-il penser de l'usucapion *pro bonorum possessore* qui, à défaut d'usucapion *pro herede*, serait possible contre les héritiers siens? — Cette première explication de Cujas est inadmissible. Il n'y a jamais eu en droit romain d'usucapion *pro bonorum possessore*. Cette usucapion-là est une pure invention des auteurs. Je crois permis de la qualifier ainsi, bien qu'elle ait encore aujourd'hui des partisans.

Antoine Favre la combattait déjà, mais les arguments qu'il faisait valoir contre elle, et en particulier contre l'explication que l'on en tirait pour rendre compte du rescrit, n'étaient pas concluants. Il disait que l'héritier sien étant propriétaire, *ex jure quiritium*, l'agnat qui, par suite de l'abstention du *suus*, acquiert la *bonorum possessio*, ne peut pas usucaper en qualité de *bonorum possessor*, parce que l'usucapion est une manière d'acquérir la propriété quiritaire, et que, le *suus* l'ayant déjà, l'agnat ne peut pas l'acquérir, deux personnes ne pouvant pas être *ejusdem rei domini in solidum eodem dominii genere* (20). Mais, d'un côté, il n'est pas juste de refuser au *bonorum possessor* la faculté d'usucaper *pro bonorum possessore* contre l'héritier sien qui s'est abstenu, sous prétexte que deux personnes ne peuvent pas avoir *en même temps* la propriété quiritaire d'une même chose pour le tout, car ils auraient la propriété *ex jure quiritium* non pas *en même temps*, mais *l'un après l'autre;* l'usucapion ne fait acquérir à l'un que ce qu'elle fait perdre à l'autre. D'un autre côté, cela ne prouverait pas que l'usucapion *pro bonorum possessore* n'a jamais existé; il s'ensuivrait seulement que l'existence d'un héritier sien y ferait obstacle, mais elle serait possible lorsqu'il n'y aurait pas d'héritier sien.

(20) *Ubi supra*, note 8.

La véritable raison de nier l'usucapion *pro bonorum possessore* d'une manière absolue, c'est que, d'après les textes eux-mêmes, le *bonorum possessor* possède non pas *pro possessore*, ni *pro bonorum possessore*, mais bien *pro herede* (Julien, l. 33, § 1 D. *de usurp.*, 41. 3; Ulpien, l. 11, *de her. pet.* 5, 3 (21). Possédant *pro herede*, ce sera également *pro herede* qu'il usucapera, car on usucape au titre même auquel on a possédé. Il n'y a pas, que je sache, un seul texte où il soit parlé soit d'usucapion *pro bonorum possessore*, soit de possession à ce titre. Les textes ne connaissent que deux espèces de possession, l'une, *pro herede*, qui est celle de l'héritier prétorien (*bonorum possessor*), aussi bien que de l'héritier civil, l'autre, *pro possessore*, qui est celle du *prædo*. — L'unique fondement que fournissent les textes à l'idée d'une prétendue usucapion *pro bonorum possessore*, c'est la rubrique du titre du Digeste (41, 5), mais cette rubrique ne saurait prévaloir contre ce qui précède. Si elle contient les mots *vel pro possessore*, (où l'on intercale *bonorum* qui ne se trouve pas dans les manuscrits), c'est parce que ces mots suivaient habituellement ceux de *pro herede* en matière de pétition d'hérédité et d'interdit *quorum bonorum;* le copiste aura cru devoir les ajouter, sans réfléchir qu'en matière d'usucapion ils étaient un non-sens. Du reste, ils ne se trouvent pas dans tous les manuscrits du Digeste (22). Enfin la rubrique du titre correspondant du Code (VII, 27) ne les contient pas.

(21) Dans le même sens, cpr. Unterholzner, note 368.

(22) L'observation est importante; Unterhozlner, note 368, la signale. Cette différence dans les manuscrits n'est indiquée dans aucune des éditions du Digeste que j'ai pu consulter; elle ne l'est, par exemple, ni dans l'édition Kriegel ni dans celle de M. Mommsen (Berlin, 1870). — M. Huschke (Zeitschrift für gesch. R. XIV, p. 166, note 24) croit exacte la rubrique *vel pro possessore* de la Florentine. Il en donne pour raison que la rubrique a dû être empruntée à un ouvrage ancien plus considérable, dans lequel on opposait la possession *pro herede* à la possession *pro possessore*, mais où l'on traitait ensemble de ces deux espèces de possession; il ajoute que, si, dans le titre *pro herede*, on n'a placé aucun texte sur la *possessio pro possessore*, c'est peut-être parce que les passages de l'ouvrage ancien, sur cette seconde espèce de possession, avaient paru mieux placés au titre de la pétition d'hérédité. — La rubrique du titre du Digeste avec les mots *vel pro possessore*, ne me semble nullement justifiée par là. Autant il convient de mettre l'une à côté de l'autre les deux espèces de possession, *pro herede* et *pro possessore* (*prædo*), lorsqu'il s'agit de désigner le défendeur

Pour conclure sur les deux explications que Cujas a données de notre loi 2 au Code, nous voyons que celle qu'il a fondée en imaginant une usucapion *pro bonorum possessore* est, de beaucoup, celle qui a le moins de valeur. C'est pourtant celle que l'on cite souvent comme si c'était la seule qu'il eût donnée (23).

10. — Beaucoup d'auteurs se sont contentés, pour justifier la loi 2, de dire que les héritiers siens étaient héritiers nécessaires, qu'ils devenaient propriétaires *ipso jure*, et que leur condition était préférable à celle de tous les autres héritiers (24). — D'ailleurs, ils ne parlaient pas de l'esclave affranchi, qui pourtant acquiert aussi de plein droit la propriété de l'hérédité. — On y mêlait parfois des erreurs diverses ; par exemple, on disait que, lorsqu'il existe un héritier sien, tout *extraneus* qui se conduirait en héritier (*pro herede gerens*) serait de mauvaise foi ; que, par suite, il ne peut pas usucaper (25).

11. — J'arrive à une explication qui a touché la vérité de plus près encore que la seconde de Cujas. Elle consiste à dire que, si la loi 2 déclare l'usucapion impossible quand il existe des héritiers siens, c'est parce que ceux-ci acquièrent de plein droit non seulement la propriété, mais encore la possession. Se borner, comme Cujas, Majans, Voët, Perez, à dire que la propriété leur passe *ipso jure*, ce n'est nullement expliquer

à la pétition d'hérédité ou à l'interdit *quorum bonorum*, autant cela convient peu lorsqu'il s'agit d'énumérer les titres d'usucapion. En effet, il y a bien deux espèces de possession, l'une *pro herede*, l'autre *pro possessore* (prædo), quant à la pétition d'hérédité ; mais quant à l'usucapion, il n'y a pas deux titres distincts ou deux espèces d'usucapion, l'une *pro herede*, l'autre *pro possessore*, dont la dernière existerait au profit du *prædo*. Il n'y en a qu'une, *pro herede*. — Dans tous les cas, les mots *pro possessore* de la rubrique, en supposant qu'ils dussent y être maintenus, désigneraient le possesseur de mauvaise foi ou *prædo*, et non pas le *bonorum possessor*. Ils ne peuvent donc pas être invoqués pour établir l'existence de la prétendue usucapion *pro bonorum possessore*.

(23) Par exemple, Unterholzner, note 370, qui cite en ce sens le commentaire de Cujas sur le titre du Dig. *pro herede* et les *Paratitla* sur le Code, citation fausse, quant au premier point. Dans la même note, Unterholzner indique l'explication tirée de la copropriété des héritiers siens, en l'attribuant à Majans seul. — Cpr. sur ces passages de Cujas, M. Machelard, *des Interdits.* Paris, 1864, p. 82, note 1.

(24) Entre autres, Perezius, *ubi supra*, note 9.

(25) Lauterbach, *ubi supra*, note 10.

l'impossibilité de l'usucapion ; car l'usucapion n'est pas impossible par cela seul qu'il y a un propriétaire. Tout au contraire, elle suppose qu'il y en a un, et elle consiste en ce que la propriété passe de lui au possesseur, s'il laisse sa chose trop longtemps au pouvoir d'un autre. Il est donc insuffisant de considérer seulement la propriété, il faut avoir égard à la possession. En admettant que l'héritier sien est de plein droit non seulement propriétaire, mais encore possesseur, on commence à s'expliquer que l'usucapion soit impossible ; et cette impossibilité devient l'évidence même, si l'on rapproche de l'acquisition *ipso jure* de possession, ainsi reconnue, la règle *Nec pro herede usucapi potest quod ab herede possessum est*, l. 29 Dig., *Usurp.*, 41,3. — Tel est le véritable point de vue auquel on doit se placer. Il est surprenant qu'un si petit nombre d'auteurs l'aient aperçu, et, ce qui l'est davantage encore, c'est qu'une fois découvert, il ait si peu retenu l'attention.

Duaren s'est exprimé à ce sujet d'une manière fort remarquable. S'appuyant sur le texte de Paul (l. 11, *De liberis et post.*), il dit en termes formels à propos des héritiers siens : *videntur possessores... rerum hereditariarum..., etiam quum non apprehendantur* (26). Toutefois, au lieu d'une possession véritable et proprement dite, il concède que les héritiers siens n'ont qu'une quasi-possession, et c'est par les doutes qui auraient existé chez les jurisconsultes romains au sujet de cette quasi-possession, qu'il rend compte des mots *magis obtinuit*. Ces mots sont pour lui la preuve d'une controverse que le rescrit aurait eu pour but de trancher.

L'explication de Duaren, malgré ce qu'elle avait de profondément vrai, ne rencontra que peu de partisans. Elle revenait, en définitive, à admettre quelque chose de trop semblable à la saisine. Il y avait sans doute une nuance entre elle et la saisine, entendue comme elle doit l'être, car la saisine n'est pas une simple quasi-possession, mais bien une transmission légale de possession, aussi réelle et aussi complète, en un mot, d'une possession aussi proprement dite que celle qui peut être acquise à la suite d'un acte d'appréhension. Malgré cette nuance, la ressemblance était frappante ; elle lui aliéna

____

(26) *Selectæ interpretationes, ubi supra,* note 7.

tous ceux qui considéraient la saisine comme absolument
étrangère au droit romain, c'est-à-dire la presque unanimité
des auteurs. — Toutefois, si elle n'obtint jamais grande faveur, il paraît qu'elle ne fut pas entièrement abandonnée; on
la retrouve en Hollande, au dix-huitième siècle, dans les
Observations de Branchu (27).

12. — Je termine l'exposé des principales interprétations
de la loi 2 antérieures à la découverte de Gaius, en signalant
une opinion assez originale de Thibaut (28). D'après lui, cette
loi ne contient pas une décision spéciale aux héritiers siens,
mais simplement l'application, faite à ces héritiers, d'une
règle générale, savoir que l'usucapion *pro herede* n'est jamais
opposable au véritable héritier. Pour Thibaut, l'usucapion
pro herede n'est pas autre chose qu'une manière d'acquérir
les choses qui, non comprises dans l'hérédité, sont possédées
comme héréditaires, soit par le véritable héritier, soit par
celui qui se croit héritier. Dès lors, si la loi 2 parle seulement
des héritiers siens, c'est parce que, dans l'espèce sur laquelle
est intervenu le rescrit, il se trouvait en fait que les héritiers
auxquels on prétendait opposer l'usucapion étaient des héritiers siens, mais la décision eût été la même si les héritiers
eussent été externes.

A l'appui de cette interprétation ingénieuse, Thibaut aurait
pu invoquer (mais il ne paraît pas que ni lui ni aucun
autre y ait songé) les Basiliques (29), où la règle de notre
rescrit est précisément reproduite comme règle générale :
Ὄντων κληρονόμων, οὐ δύναταί τις ἕτερος πρᾶγμα κληρονομιαῖον διὰ τοῦ

(27) Branchu, *Observationes ad jus romanum*. Lugduni Batav., 1721,
cap. xx, p. 274. Je n'ai pu consulter cet auteur. D'après ce que j'en ai vu
cité dans des ouvrages allemands, Branchu prenait pour point de départ
l'idée que « le *suus heres*, en même temps qu'il devient héritier sans adition, acquiert aussi la *possession* de l'hérédité *ipso jure*, sans aucun acte
d'appréhension, » Unterholzner, note 370, 2 *in fine*; Huschke, *Zeitschrift
für geschichtliche Rechtswissenschaft*, t. XIV, p. 172, note 28. En rapportant
cette opinion de Branchu, Unterholzner la tient pour « tout à fait inadmissible
et contre nature, » et M. Huschke pour « décidément fausse. » Pour moi,
au contraire, j'admire la sagacité de ceux qui, comme Duaren et Branchu,
pressentaient si bien ce dont nous avons maintenant la preuve, depuis que
nous possédons le Gaius de M. Studemund.

(28) *System des Pandekten-Recht*, 5ᵉ édit. Jena, 1818, § 1027. — Les Com-
mentaires de Gaius étaient découverts, mais ils n'étaient pas encore publiés.

(29) Basiliques, 50, 5, 6, Heimbach. Lipsiæ, 1850.

χρᾶσθαι δεσπότειν· ἀνεφάνησαν γὰρ μάλιστα ἤδη, καί εἰσι κληρονόμοι (*existentibus heredibus, nemo alius rem hereditariam usucapere potest : jam enim extiterunt maxime, et heredes sunt*). On voit que, d'après les Basiliques, l'usucapion est impossible dès qu'il y a des héritiers *quels qu'ils soient*, ὄντων κληρονόμων, et non pas seulement *suis existentibus*. Leur texte est la reproduction presque littérale du rescrit, sauf deux suppressions notables, trop peu remarquées, celle de *suis* et celle de *magis obtinuit*.

Dans le système de Thibaut, exposé d'ailleurs très brièvement (il ne fait guère que l'indiquer), il y a une idée vraie, que Gaius est venu confirmer : c'est que les effets de l'usucapion ne peuvent pas être opposés au véritable héritier, *quel qu'il soit*, par le défendeur en pétition d'hérédité (30). Pour tout le reste, ce système est devenu insoutenable, depuis que nous savons mieux ce qu'était l'usucapion *pro herede*.

II. — L'USUCAPION *PRO HEREDE* EN PRÉSENCE D'HÉRITIERS NÉCESSAIRES DEPUIS LA DÉCOUVERTE DE GAIUS JUSQU'A LA PUBLICATION DE *L'APOGRAPHUM* DE M. STUDEMUND (1820-1874).

13. — Gaius a jeté sur l'usucapion *pro herede* une lumière sinon complète, car il y règne encore beaucoup d'obscurité, du moins fort vive et bien supérieure à ce que nous en savions d'ailleurs. Parmi les règles de cette matière dont nous lui devons, soit la connaissance, soit une intelligence plus pleine, nous avons à en signaler deux, qui sont d'une importance capitale dans le sujet qui nous occupe : 1° celle qui restreint l'usucapion aux choses dont l'héritier n'a pas encore pris possession, *rem cujus possessionem heres nondum nactus est* (G., 2, 52); 2° celle qui concerne l'existence d'héritiers nécessaires (G., 2, 58 et 3, 201). — La première se trouvait déjà dans un texte du Digeste, l. 29, *De usurp.*, 41, 3; Pomponius l'y formulait en termes presque identiques : *Nec pro herede usucapi potest quod ab herede possessum est*. Mais on ne parvenait guère à la comprendre avant la découverte de Gaius, — Quant aux deux textes relatifs à la présence d'héritiers

(30) Cpr. ci-dessous, n° 19.

nécessaires, ils ont ouvert des voies toutes nouvelles ; et, pour la première fois, ils ont appelé l'attention sur l'héritier simplement nécessaire. Jusque-là, on ne s'en était nullement occupé, malgré la qualité de nécessaire qu'il partageait avec l'héritier sien. La loi 2 au Code n'ayant parlé que des héritiers siens et nécessaires, on avait considéré tous les autres héritiers comme régis, quant à l'usucapion, par les mêmes principes, et l'on n'avait pas distingué les héritiers simplement nécessaires des *extranei*.

Il y a plus de trente ans, l'auteur de l'un des meilleurs travaux qui aient paru sur l'usucapion *pro herede*, M. Huschke (31), disait déjà que l'histoire de ces passages de Gaius était fort curieuse. Elle l'est bien davantage encore aujourd'hui ; mais elle est assez longue et elle nécessite des détails minutieux sur les diverses leçons des textes. Peut-être même paraîtront-ils trop minutieux à quelques personnes. Mais, si l'on avait de bonne heure apporté une attention plus scrupuleuse au manuscrit, si, au lieu de le corriger, on n'avait pas si facilement pris le parti de supprimer ce qui embarrassait, on aurait pu éviter les erreurs auxquelles tout le monde s'est laissé entraîner pendant plus d'un demi-siècle. Cette considération me semble de nature à justifier l'examen auquel nous allons nous livrer.

Pour ceux qui n'auraient pas la patience de me suivre dans une étude critique, qui sera, je le répète, très minutieuse, j'en indique, par avance, le résultat en deux mots :

1) Jusqu'en 1874, on a cru que Gaius déclarait l'usucapion *pro herede* POSSIBLE, lorsqu'il y a des héritiers *nécessaires ;* on le croyait d'autant mieux que Gaius paraissait le dire à deux reprises (2, 58 ; 3, 201).

2) Il est, au contraire, établi, depuis 1874, que Gaius la disait IMPOSSIBLE, et cela dans les deux passages précités ; tous deux contenaient le mot *nihil*, mais on l'avait fait disparaître de l'un et de l'autre dans toutes les éditions.

14. — *Établissement du texte de Gaius avant 1874.* 1) *Le* § 58

---

(31) Ueber die Usucapio pro herede (fiduciæ et ex prædiatura), dans la *Zeitschrift für geschichtliche Rechtswissenschaft.* Berlin, 1848, p. 145-273 ; spécialement p. 167-174.

du commentaire II. — La première édition de Gaius, publiée par Göschen en 1820 (32), le donne ainsi :

Set ‖ necessario tamen herede extante ipso jure, | pro herede usucapi potest.

En note, Göschen avertissait que S était ajouté par lui, le manuscrit portant seulement *et.*

Cette leçon fut d'abord acceptée par tous, et l'on chercha à expliquer le texte avec *set,* ayant le sens de *sed.*

Elle paraît avoir été critiquée pour la première fois par Unterholzner, en 1832 (33). Elle le fut de nouveau, en 1839, par Puchta (34). Ces justes critiques décidèrent Lachmann à supprimer S dans la troisième édition de Göschen qu'il publia en 1842 (35) et le texte fut désormais tenu pour ainsi conçu :

Et necessario tamen herede extante ipso jure, pro herede usucapi potest.

C'est celui que l'on trouve dans les éditions postérieures allemandes (36) et françaises (37), sauf des différences relatives à la virgule. Les uns la placent, comme Göschen et

(32) Gaii Institutionum commentarii IV e codice rescripto bibliothecae capitularis veronensis auspiciis regiae scientiarum academiae Borussicae nunc primum editi, Berolini, Reimer, MDCCCXX (le nom de Göschen ne figure que dans la préface), CLVI-370, p. 8°.

(33) M. Huschke, *Zeitsch.,* p. 172, cite en ce sens un article d'Unterholzner dans le *Rheinisches Museum,* t. V, p. 30.

(34) Dans ses *Ve… ilium,* cap. vi, p. 9, Lipsiæ, 1839.

(35) Gaii Institut. Comm. IV ex membranis deleticiis veron. bibl. capital. eruit Goeschen. C. Lachmannus ad schedas Goeschenii, Hollwegii Rlumii recognovit, Berolini, MDCCCXLII. — Les trois éditions de Goeschen sont accompagnées d'une table alphabétique des abréviations de Gaius (Index siglarum) qui se trouvent dans le manuscrit. Cette table conserve de l'utilité, malgré la publication de celle qui accompagne l'*Apographum* de M. Studemund (V. *infra,* notes 91, 98, 109).

(36) Par exemple, dans celles de Boecking (3ᵉ édition, Bonn, 1850; 4ᵉ et 5ᵉ, Leipzig, 1855 et 1866) et de M. Huschke (1ʳᵉ, 1861; 2ᵉ, 1867; 3ᵉ, 1874, Leipzig, dans sa *Jurisprud. antejustinian.* et séparément).

(37) Pellat, *Institutes de Gaius,* traduction avec le texte. Paris, 1844, et dans les six éditions de son *Manuale juris synopticum.* Paris, 1854-1874. — Giraud, *Novum Enchiridion juris romani.* Paris, 1873. — Blondeau, *Choix de textes* qui forme le t. II de ses Institutes de Justinien. Paris, 1839, et M. Laboulaye, *Flores juris antejustinianei.* Paris, 1839, avaient déjà rétabli *et,* avant l'édition de Lachmann, mais Blondeau tenait ce mot pour superflu, *male abundat.* — *Sed* est conservé dans le Gaius, inséré au *Corpus juris civilis* de Galisset. — M. Domenget, *Institutes de Gaius,* texte avec traduction et commentaire, 2ᵉ édition. Paris, 1866 (1ʳᵉ, 1843) donne *et.*

Lachmann, après *ipso jure* (Pellat) ; d'autres, avant *ipso jure* (Huschke, dans la *Zeitschrift*, p. 167) ; d'autres ne mettent pas du tout de virgule (Böcking et Huschke, dans ses éditions) ; d'autres, enfin, mettent *ipso jure* entre deux virgules (Giraud). — Les manuscrits ne portant aucune ponctuation, on sait qu'il y a toujours quelque chose d'arbitraire dans celle que donnent les éditions.

En 1866, M. Böcking publia un *Apographum* de Gaius (38) qui, même après celui de M. Studemund, offre encore de l'intérêt (39). Je le reproduis, mais auparavant je dois faire deux remarques :

1) Il importe de rapprocher des premiers mots du § 58 les mots qui terminent le paragraphe précédent. En effet, les manuscrits n'avaient pas plus de division en paragraphes que de ponctuation. Or ici, les derniers mots de la phrase à laquelle les éditeurs arrêtent le paragraphe précédent ne doivent pas être négligés, car ils avaient et même ils ont encore, depuis 1874, une importance considérable pour l'établissement du véritable texte du § 58. — Gaius finit le § 57 en disant que, d'après le sénatus-consulte d'Adrien, l'usucapion est révoquée, et que, par suite, la pétition d'hérédité, exercée contre celui qui a usucapé *pro herede*, fera obtenir la chose à l'héritier comme si *usucapta non esset*. Après le mot *esset*, il y a un *point*, au manuscrit (déjà, notons-le, d'après l'*Apographum* de Böcking !), et c'est seulement après ce point, qui est très visible, que vient *et necessario*.

2) Autre remarque, non moins essentielle : entre *extante* et *ipso jure*, l'*Apographum* de Böcking laisse un blanc.

Le *fac-simile* du § 58 était ainsi le suivant, d'après Böcking :

     ... usucaptaneēt. et ‖ necessariotamenheredeextante   ipsoiure ⎜ phdeusucapipotest (40).

<hr>

(38) Gai Institutiones Codicis veronensis apographum ad Goescheni, Holwegi, Bluhmii schedas compositum scripsit lapidibusque excerptam scripturam publicavit Ed. Boecking, Lipsiae, ap. Hirzelum, a. CICICCCCLXVI.

(39) A propos de la publication de l'apographum de Böcking, Bethmann Holweg a inséré dans la *Zeitschrift für Rechtsgeschichte*, Weimar, 1866, t. V, p. 357-379, un article où il fait connaître le genre de travail auquel Böcking s'est livré, et où il donne en outre des détails intéressants sur la manière dont lui-même avait établi avec Göschen le premier texte de Gaius.

(40) J'emploie les deux traits pour marquer le passage à une autre page

15. — 2) *Le § 201 du commentaire III.* — Il était encore moins assuré que celui du § 58. Le voici d'abord, tel que le donna la première édition de Göschen :

Rursus ex diverso interdum (*rem*) alienam occu | pare et usucapere concessum est, nec creditur fur | tum fieri : velut res hereditarias, quarum * * * * * nactus pos | sessionem * necessarius heres esset ; nam necessa | rio herede extante placuit, ut pro herede usucapi possit.

En bas de ce texte, Goschen avait averti :

1° Avant le mot *nactus*, qu'il y avait dans les *Schedæ* (41) $\bar{\bar{n}}$ (v° lh) *p* (vel *r*) *nn* (vel $\overline{m}$ pro *nn*) et que Savigny et Heise étaient d'avis de lire *nondum*; 2° Avant le mot *necessarius*, que les *Schedæ* portaient entre ce mot et *possessionem* un *n* barré, ainsi ; 3° après le mot *nam*, qu'il y avait aux *Schedæ : her e * s* (*vel c*) *et* (*esset*) *n* (*pro ñ, ut opinor, i. e. nam*).

En 1829, Klenze (42) lit *nisi* entre *possessionem* et *necessarius*. En cela, il était seul à voir juste, comme l'a prouvé l'*Apographum* de M. Studemund (*infra*, n° 35); mais il ne fut pas suivi, sans doute parce qu'il mêlait à cette vue très juste une erreur évidente. En effet, pour mettre *nisi* d'accord avec la possibilité d'usucapion, qu'il ne songeait pas plus que personne à contester, il supposait que le copiste avait omis un grand nombre de mots, et il restituait ainsi le texte... *possessionem, sed S. C. ex auctoritate Hadriani factum est, ut revocarentur tales usucapiones, nisi...* Il était peu vraisemblable que le copiste eût fait une omission aussi considérable. Aussi la conjecture de Klenze n'eut-elle guère de partisans. Il faut cependant lui savoir gré d'avoir lu *nisi* et de n'avoir pas voulu le supprimer.

dans le manuscrit et le trait unique, pour marquer le passage à une autre ligne. Familiers en Allemagne, ces signes sont habituellement négligés en France et ailleurs; c'est à tort, car rien de ce qui donne aux textes leur véritable physionomie n'est indifférent.

(41) Sous le nom de *schedæ*, Göschen désigne l'*exemplum* que, de concert avec Bekker et Bethmann-Holwegg, il avait transcrit d'après le manuscrit. Lorsqu'il avait un doute sur ce qui se trouve au manuscrit, c'est à ces *schedæ* que renvoie son édition, au lieu de renvoyer au manuscrit lui-même. V. la préface de sa première édition, p. xliv et lvi.

(42) Gaii et Justiniani Institutiones, Klenze et Boecking, Berolini, 1829 (Édition synoptique).

En 1830, Heffter (43), et, sans doute, d'après lui, en 1839, Blondeau (Institutes), et M. Laboulaye (*Flores*), adoptent :

... Velut res hereditarias, quarum heres *nondum* nactus possessionem (*est*), si necessarius heres esset ; nam necessario herede extante placuit, ut pro herede usucapi possit.

Blondeau avertit que le manuscrit, au lieu de *est si*, a une abréviation signifiant *nisi* ; mais il ne comprend pas le mot *nisi* et, ne pouvant l'expliquer, il admet *est si*, malgré le manuscrit.

Lachmann, en 1842, donne :

... Velut res hereditarias, quarum *non prius* nactus pos | sessionem necessarius heres esset ; nam necessa | rio herede extante placuit, ut pro herede usucapi possit.

En note, il fait remarquer : 1° sur *non prius*, que, ces mots lui semblant les plus vrais, il a supprimé les cinq astériques de Göschen, et que les mots *quis prius* proposés par M. Huschke ne s'accordent pas avec les *Schedæ* ; 2° qu'entre les mots *possessionem* et *necessarius*, il y a bien un *n* barré, mais qu'il croit pouvoir le supprimer sans crainte (*satis tuto omitti*) ; en conséquence, il supprime aussi l'astérisque placée par Goeschen. — Ces suppressions téméraires ont été pour beaucoup dans la fausse opinion que tout le monde s'est faite du texte jusqu'en 1874.

MM. Gneist (44) et Böcking (sixième édition, 1866) admettent la même leçon que Lachmann, avec cette seule différence que M. Böcking maintient l'astérisque entre *possessionem* et *necessarius*. Il avertit que le manuscrit porte un *n* barré, ce qui peut signifier, ajoute-t-il, *enim*, *nihil*, *non*, *nec*, *nisi*. On ne prit pas garde à cet avertissement et lui-même n'en soupçonna pas toute la portée, car il conclut, comme Lachmann, à la suppression de la lettre barrée.

M. Huschke, dans ses éditions antérieures à 1874, lit :

... Quarum heres *nondum* nactus possessionem, LICET necessarius heres, esset ; nam... (le reste comme les précédents).

Son principal changement consiste à lire *licet*, à la place de l'astérisque entre *possessionem* et *necessarius*.

(43) *Gaii Institut. Comm. quatuor.* Bonn, 1830.
(44) *Iustitutionum et regularum juris syntagma.* Lipsiæ, 1858.

Pellat, dans toutes ses éditions, a suivi Lachmann. — M. Giraud (*Enchiridion*) a suivi M. Huschke, en supprimant seulement la virgule entre *heres* et *esset*. — Le même sens est admis par M. Domenget, qui, au lieu de *licet*, lit *etsi*.

L'*Apographum* de Böcking porte :

...UURhtariasquarumurimnactusp | sessionemrιnccessariushere
· cetnnecessa | riohdeextateplacuitutprohdeusucapip's.

16. — Malgré ces différences dans la lecture des passages de Gaius, il y avait un point sur lequel tout le monde était d'accord, c'est que Gaius disait aux deux endroits que l'usucapion *pro herede* est POSSIBLE en présence d'un héritier nécessaire. — Comment expliquer cela ? En quel sens fallait-il entendre cette possibilité d'usucapion ? Quel était le rapport de la règle, ainsi donnée par Gaius, avec la règle tout opposée contenue dans la loi 2 au Code, pour le cas où les héritiers sont à la fois siens et nécessaires ? — Telles sont les questions qui se présentaient, et dont on ne parvint pas à donner la solution. On la cherchait en vain, puisque, loin d'être *possible* en cas d'héritiers simplement nécessaires, l'usucapion est alors tout aussi *impossible* que dans celui où les héritiers sont siens et nécessaires.

Bien que toutes les opinions basées sur le faux texte de Gaius soient aujourd'hui insoutenables, il n'est pas inutile de les passer en revue. Elles sont le fruit de recherches souvent approfondies et l'on y trouve des explications de la loi 2 au Code qu'il convient de rapprocher de celles que l'on avait données avant la découverte de Gaius.

17. — *Opinions des auteurs qui ont écrit sur le texte de Gaius antérieur à* 1874. — C'est en Allemagne que l'on a le plus étudié le sujet. J'exposerai, en suivant l'ordre des dates où elles ont paru, les explications qui me semblent offrir le plus d'intérêt, soit par elles-mêmes, soit par la faveur qu'elles ont obtenue, soit enfin par le nom de ceux qui les ont proposées.

Gans (45) fait à l'héritier nécessaire une condition toute spéciale, différente à la fois de celle de l'héritier sien et de celle de l'héritier externe. D'après lui, l'usucapion *pro herede, improba* et *lucrativa* subsiste avec ses anciens effets contre

(45) *Scholien zum Gajus.* Berlin, 1821 (p. 259-260, notes 4-8).

l'héritier nécessaire seul. En effet, contre les héritiers externes, le sénatus-consulte d'Adrien, sans la supprimer, lui enlève son ancienne efficacité, en permettant de la faire révoquer au moyen de la pétition d'hérédité (Gaius, 2, 57) ; tandis que, par une disposition spéciale, le sénatus-consulte *refuse* la révocation à l'héritier *nécessaire* (G. 2, 58). Puis, cette disposition du sénatus-consulte ayant donné lieu à des doutes sur le point de savoir si l'héritier sien devait y être compris, la loi 2 au Code vint y mettre fin en assimilant l'héritier sien à l'héritier externe, quant à la faculté de révocation. Tel est le vrai sens du rescrit, qui ne pouvait pas être compris avant Gaius.

L'usucapion *improba* est d'ailleurs, selon Gans, la seule dont il s'agisse, soit dans Gaius (*tales usucapiones*), soit dans le rescrit. Quant à l'usucapion *pro herede* avec bonne foi ou *proba*, elle a lieu et elle garde son efficacité, après comme avant le sénatus-consulte. Elle dure même encore dans le droit de Justinien, où cependant l'usucapion *lucrativa* a disparu, même contre l'esclave. Gans ne peut dire l'époque de cette disparition, mais il lui semble, d'après la loi 2 au Code, qu'elle est postérieure à Dioclétien.

Comme preuve que le *suus* ne devait pas être compris sous le terme de *necessarius* qu'il suppose avoir été inséré au sénatus-consulte, Gans fait remarquer que le *suus* acquiert l'hérédité *ipso jure*, qu'ainsi le motif même assigné par Gaius à l'usucapion *lucrativa* (*maturius adiri*) fait défaut, dès qu'il y a un héritier sien. Mais l'esclave acquiert aussi l'hérédité *ipso jure !* A cette objection Gans répond que l'on aura considéré que l'esclave gagnait assez, puisqu'il gagnait la liberté.

18. — Des idées semblables à celles de Gans se retrouvent chez la plupart des auteurs qui ont écrit peu après la découverte de Gaius, par exemple, chez Hugo et chez Schweppe. Hugo (46) enseigne qu'au temps de Gaius, non seulement

(46) *Lehrbuch der Geschichte des rœmischen Rechts*, 11ᵉ édition. Berlin, 1832 (t. II, p. 924). La première édition où Hugo se soit servi de Gaius est la 6ᵉ, de 1818 (les cinq premières, 1790-1815). — Une médiocre traduction française par Jourdan sur la septième édition allemande (1820), revue par Poncelet, a été publiée à Paris en 1825, alors qu'avaient déjà paru en Allemagne la 8ᵉ (1822) et la 9ᵉ (1824). — Le passage que j'ai cité d'après la 11ᵉ édition allemande correspond au t. II, p. 165 de la traduction française.

on n'admet plus que l'usucapion fasse acquérir l'hérédité elle-même, mais que de plus l'acquisition pa. usucapion *pro herede* des choses particulières appartenant à l'hérédité était restreinte au cas où il y avait un héritier nécessaire. Il ne s'explique pas sur l'héritier sien ; enfin il remarque (note 3) que Gaius ne dit pas un mot du cas où le possesseur se croit le véritable héritier. — Schweppe (47) s'accorde avec Gans pour restreindre à l'usucapion *improba* les passages de Gaius et la loi 2 au Code. Il admet aussi que la révocation de l'usucapion *ex senatusconsulto* avait lieu seulement au profit de l'héritier externe, et que le sénatus-consulte avait, par une disposition spéciale, maintenu l'efficacité de l'ancienne usucapion contre le *necessarius heres*. Il ajoute que l'efficacité de l'ancienne usucapion, même contre le *necessarius heres*, aura peut-être fini par disparaître, mais qu'on ne saurait l'affirmer; ce qu'il affirme, au contraire, sans hésiter (48), c'est que l'usucapion *pro herede*, avec titre et bonne foi, est conservée dans le droit de Justinien.

19. — Arndts a publié en 1828 (49) un article dont le but principal était d'établir que l'usucapion *pro herede* ne peut pas être opposée par le défendeur en pétition d'hérédité au véritable héritier; l'opinion contraire régnait alors presque sans partage. Il ne faisait d'ailleurs aucune difficulté d'admettre que l'usucapion *pro herede* subsistait encore dans le droit de Justinien et par suite dans le droit romain allemand d'aujourd'hui; c'est surtout à ce dernier point de vue qu'il se plaçait. En supposant que l'usucapion *pro herede* existe encore dans le droit de Justinien, l'opinion soutenue par Arndts est assurément la plus exacte; elle gagne chaque jour du terrain en Allemagne (50).

(47) *Das rœmische Privatrecht in seiner Anwendung auf teutsche Gerichte*, 3ᵉ édition. Altona, 1822 (§ 850); et *Rœmische Rechtsgeschichte and Rechtsalterthüemer*, 3ᵉ édition par Gründler. Göttingen, 1832 (§ 458).

(48) « *Unbedenklich* »; c'est avec la même assurance que l'on enseigne aujourd'hui presque unanimement en France, en Allemagne, en Italie, qu'il existe encore une usucapion *pro herede* dans le droit de Justinien. Un peu plus de doute serait, au moins, nécessaire (V. *supra*, note 11).

(49) *Ueber die Usucapio pro herede* dans le *Rheinisches Museum für Jurisprudenz*, II, p. 125-148; reproduit dans ses *Gesammte civilistiche Schriften*. Stuttgard, 1873, t. I, p. 125-142.

(50) Vangerow, *Lehrbuch der Pandekten*, § 320, Anm. 1, 7ᵉ édition. Mar-

Quant à l'usucapion *pro herede* en présence d'héritiers siens, elle lui semble, de même que la loi 29 (Dig. *De usurp.*, 41, 3), facile à expliquer et « très simple » (p. 141), une fois admis que l'usucapion ne libère pas le défendeur en pétition d'hérédité de la restitution au véritable héritier. La loi 2 au Code signifie que, dans le cas où il y a des héritiers siens, l'usucapion est *tout à fait* impossible (*ganz zu läugnen*), c'est-à-dire impossible *même à l'égard des tiers*. Les principes de la matière seraient alors les suivants à partir de Dioclétien : en général, les tiers, ayant cause du défendeur, peuvent invoquer l'usucapion accomplie du chef de leur auteur, pour conserver la chose acquise par eux, sauf à leur auteur à en tenir compte au véritable héritier demandeur en pétition d'hérédité; c'est là ce qui subsiste de l'usucapion *pro herede*. Mais cet effet lui-même cessera, en vertu de la loi 2, d'être possible en présence d'héritiers siens. — Reste l'usucapion en présence d'héritiers simplement nécessaires. Arndts s'en occupe, mais ce qu'il en dit est embarrassé et confus. Il avoue que le § 58 de Gaius, qui autorise l'usucapion en présence de l'héritier nécessaire, est bien singulier (51); en réalité, il ne parvenait pas à s'en rendre compte.

20. — Unterholzner, dans un ouvrage justement estimé sur l'usucapion (52), entend la loi 2 tout autrement que Gans, Hugo et Schweppe. Au lieu d'y voir une règle applicable seulement à l'usucapion *improba*, il l'applique (note 370, 2) à l'usucapion *proba*, qui existe encore, selon lui, dans le droit de Justinien : la place même que le rescrit de Dioclétien occupe dans le Code de Justinien ne lui semble pas

bourg, 1863. — Windscheid, *Lehrbuch des Pandektenrechts*, § 179, note 3, *in fine*, 3ᵉ édit. Dusseldorf, 1873.

(51) « Freilich sonderbar genug, » note 15. V. aussi ses notes 10 et 12, p. 130-131 des *Ges. Schriften.*

(52) *Ausführliche Entwickelung der gesammten Verjährungslehre aus den gemeinen in Deutschland geltenden Rechten.* Leipzig, 1828, 2 vol. in-8. — Une seconde édition en a été donnée par Schirmer, 1858. — Unterholzner avait publié à Breslau, en 1815, sur le même sujet, un autre ouvrage: *Die Lehre von der Verjährung durch fortgesetzen Besitz, dargestellt nach den Grundsätzen des rœmischen Rechts.* — L'édition de 1828 est la seule que j'aie pu consulter : t. I, § 94, notes 326-328; §§ 106 et 107, notes 366-376.

comporter une autre interprétation. Il considère l'impossibilité d'usucaper, lorsqu'il y a des héritiers siens, comme un point de droit coutumier, qui pourrait bien avoir été déjà en vigueur au temps de l'usucapion *lucrativa*, sans que toutefois on puisse l'affirmer, et qui aurait constitué un privilège spécial en faveur des héritiers siens (53). Pour quel motif ce privilège leur aurait-il appartenu? Unterholzner se le demande, mais sa réponse est peu satisfaisante. Sans entrer dans aucune explication, il se borne à citer le motif fondé sur la copropriété des héritiers siens, et à dire qu'il vaut mieux que celui que l'on voudrait tirer d'une acquisition *ipso jure* de la possession par ces héritiers. Il considère ainsi comme opposées l'une à l'autre les deux idées de copropriété et d'acquisition de plein droit de la possession. C'est à mon avis une grave erreur, car ces deux idées sont intimement liées et même n'en sont qu'une seule en réalité (V. *infrà*, n° 45).

Il y a d'ailleurs dans le droit de Justinien quelque chose qu'il déclare inexplicable, c'est que l'usucapion *pro herede* soit impossible une fois que l'héritier a pris possession (l. 29 D., *De usurpat.*). Il refuse d'admettre avec Gans (54) que la loi 29 se réfère uniquement à l'usucapion *lucrativa*, et il fait remarquer que les derniers mots de cette loi prouvent le contraire, car le jurisconsulte dit *idem.. si tu.. existimes te*

---

(53) Unterholzner fait remarquer (§ 107, p. 371) que cette faveur, propre aux héritiers siens, ne s'étendait pas à tous les héritiers légitimaires. Il cite à ce propos une lettre de Pline le Jeune (V, I) d'où il résulte que l'usucapion pouvait s'accomplir contre un fils au profit de l'héritier institué par sa mère. — Cette lettre intéressante de Pline nous montre que son auteur possédait bien la langue du droit ; il parle des questions relatives aux testaments, à la *querelà inofficiosi testamenti*, à la loi Falcidie, à l'*in jure cessio* de l'hérédité, enfin à l'usucapion *pro herede*, comme de choses qui lui sont familières (Cpr. *infra*, note 118). Il suppose que l'usucapion est opposable à l'héritier, et en cela il est d'accord avec ce que nous apprend Gaius, puisqu'il écrivait avant le sénatus-consulte d'Adrien qui a permis la révocation. — M. Huschke (*Zeitschrif., loc. cit.*, p. 152, note 9) ne veut pas que, dans cette lettre de Pline, il s'agisse d'une usucapion *pro herede* proprement dite ; il en donne pour motif que le propriétaire n'usucape pas, et que Pline l'était, car il avait fait adition. Mais, au contraire, l'usucapion *pro herede*, comme toute usucapion en général, me semble avoir eu comme principale utilité d'être, pour le véritable propriétaire, la meilleure garantie possible contre les tiers.

(54) *Scholien zum Gaius*, p. 263.

heredem esse ; nam hic quoque possessio veri heredis obstabit tibi.
Il avoue (note 373) que la loi 29 est incompréhensible; c'est
le cas, dit-il, de rappeler la maxime de Julien : *Non omnium
quæ a majoribus constituta sunt, ratio reddi potest* (l. 20 D., *De
legibus*, I, 3).

Relativement à l'usucapion *improba*, Unterholzner pense
(§ 94) qu'elle est révocable d'après le sénatus-consulte au
profit de l'héritier externe, mais non au profit de l'héritier
nécessaire. Il admet donc qu'il y aurait eu, au préjudice de
ce dernier, une exception, qui toutefois aurait, en vertu de
la loi 2 au Code, cessé quant à l'héritier sien. Comment
cette exception se rattache-t-elle à l'ensemble du sénatus-
consulte? Unterholzner déclare encore qu'il ne saurait le
dire; mais à ce sujet il fait preuve d'une remarquable sagacité (55). Trouvant inexplicable la règle *usucapi potest*, il aurait
volontiers fait au texte deux changements, de manière à lire
(*Suo*) *et necessario herede extante* (*non*) *usucapi potest*. — Nous
savons aujourd'hui que tel est en effet le véritable sens (56).
— Cela aurait, dit-il, le double avantage de supprimer ce
qu'a de choquant *sed necessario tamen*, et de faire dire à Gaius
précisément la même chose que la loi 2 au Code. Toutefois il
n'ose pas modifier ainsi le § 58, à cause du § 201, qui répète
encore une fois (on le croyait) que l'usucapion est possible.

21. — Dans l'opinion de Puchta (57), l'héritier nécessaire
n'a pas en ce qui touche l'usucapion *pro herede* une condition
plus défavorable que l'héritier externe, et l'on ne voit même
pas pourquoi il en aurait une plus désavantageuse. Il peut
donc, aussi bien que l'héritier volontaire, faire révoquer
l'usucapion, mais il a besoin de la faire révoquer. Sa condition n'est pas non plus meilleure, et sa seule présence ne suffit
pas à l'empêcher. Cette dernière règle est précisément celle
que renferme le § 58. Si Gaius a écrit ce paragraphe, c'est
pour insister sur la possibilité de l'usucapion, sauf révocation. Il a jugé nécessaire de le faire, parce que, l'esclave
acquérant de plein droit l'hérédité, on aurait pu croire que,

(55) Voir sa note 328.
(56) V. ci-après n° 34.
(57) *Verisimilium*, cap. vi. Lipsiæ, 1839; et dans ses *Kleine civilistische
Schriften* (Rudorff). Leipzig, 1851, p. 386-8. — *Cursus der Institutionen*,
6ᵉ édition (Rudorff). Leipzig, 1866, t. II, p. 556-7, § 239, notes *dd* et *ff*.

de plein droit aussi, l'usucapion était impossible. Il fallait prévenir cette objection qui, à Rome même, avait eu ses partisans, comme le prouve le *placuit* du § 201 ; c'est dans ce but que Gaius dit que l'usucapion est possible, *quoique* l'héritier soit nécessaire ; sauf révocation, bien entendu, ce qu'il n'exprime pas, mais ce qui va de soi.

Après avoir ainsi expliqué le § 58, Puchta, sur le § 201, se demande pourquoi Gaius a choisi le cas où l'héritier est nécessaire afin de donner un exemple de la règle qu'il expose, savoir que quelquefois on peut, sans qu'il y ait vol, s'emparer de la chose d'autrui. C'est, répond-il, parce que l'exemple est alors plus frappant et plus certain que dans le cas où l'héritier est externe. En effet, lorsque l'héritier est externe, celui qui prend avant l'adition une chose de la succession ne prend pas *rem alienam,* car, d'après Gaius lui-même (L. 1re D. *De divisione rerum,* I, 8), la chose est *nullius* jusqu'à l'adition ; il n'y a donc en cas pareil de *res aliena occupata* sans vol, que dans l'intervalle qui s'écoule entre l'adition et la prise de possession par l'héritier. Mais, en fait, le plus souvent il n'y aura pas de pareil intervalle, car il n'est pas ordinaire que l'héritier, après avoir fait adition, reste sans prendre possession. Au contraire, l'héritier nécessaire étant propriétaire *iipso jure,* il y a toujours une *res aliena,* c'est donc le cas qui convient le mieux à l'exemple que veut donner Gaius. Cet exemple prouve en même temps que, si l'esclave acquérait *ipso jure* la propriété des choses héréditaires, il n'en acquérait pas de plein droit la possession.— Il faut noter cet argument de Puchta contre l'acquisition *ipso jure* de la possession par l'héritier nécessaire. Il était fort juste, en supposant que Gaius eût admis, d'une part, la possibilité de l'usucapion, et d'autre part, l'impossibilité du *furtum.* Mais il se RÉTORQUE aujourd'hui, Gaius disant tout le contraire, c'est-à-dire, d'un côté, que l'usucapion est impossible, et, d'un autre côté, qu'il peut y avoir *furtum* dans le fait de s'emparer d'une chose héréditaire, bien que l'héritier ne l'ait pas encore appréhendée, si c'est à un héritier nécessaire que la succession est échue (58).

(58) V. ci-dessous, n° 41.

Le système de Puchta avait une grande valeur, dans l'état du texte de Gaius que l'on avait alors. Toutefois il soulevai plusieurs objections et il fut loin de rallier tous les suffrages. M. Huschke (59) lui reprocha de ne pas tenir compte de la loi 2 au Code, de s'appuyer sur un motif (*maturius adiri*) qui, au temps des empereurs, avait perdu toute importance, de ne pas expliquer la différence qui existait entre l'héritier sien et l'héritier nécessaire, enfin de méconnaître le rapport intime de la question d'usucapion avec une autre, également controversée chez les Romains, celle des effets de l'*in jure cessio hereditatis*.

Il nous reste à dire comment Puchta entendait la loi 2 au Code. Il pensait (60) qu'elle s'explique *peut-être* par l'idée que, dans le cas où il y a des héritiers siens, il n'y a, pour ainsi dire, pas d'hérédité (loi 11 D., *De liberis et post.*). Quant à voir dans le rescrit une décision qui aurait écarté, pour le cas spécial d'héritiers siens, la prétendue efficacité de l'usucapion, que le sénatus-consulte d'Adrien aurait maintenue par exception pour le cas de *necessarii heredes* en général, Puchta (61) n'hésitait pas à dire que c'est là « une histoire fausse de tous points. » Le nouveau texte de Gaius lui donne pleinement raison.

22. — M. Huschke (62) pose nettement les questions soulevées par le rapprochement de la loi 2 au Code avec les passages de Gaius :

1) Pourquoi l'usucapion, impossible lorsqu'il y a des héritiers siens, est-elle possible lorsqu'il y a des héritiers simplement nécessaires ?

2) Pourquoi son impossibilité dans le premier cas a-t-elle soulevé le doute que révèlent les mots *magis obtinuit*? — La réponse lui paraît être dans le rapprochement qu'il convient de faire entre notre sujet et un autre, qui aurait donné lieu à des controverses toutes semblables chez les jurisconsultes romains, savoir l'*in jure cessio hereditatis*. Selon M. Huschke, les deux questions, celle d'usucapion et celle d'*in jure cessio,*

<hr>

(59) *Zeitschrift für gesch.* R. W., p. 173, note 30.
(60) *Cursus*, note *dd*.
(61) *Cursus*, note *gg*.
(62) *Ubi supra*, note 31.

sont si étroitement liées qu'au fond elles n'en forment qu'une seule.

Gaius (II, 37, et III, 87) nous apprend que les Sabiniens et les Proculiens étaient divisés sur le point de savoir quel effet pouvait produire l'*in jure cessio* de l'hérédité par un héritier nécessaire (II, 37) ou par un héritier sien (III, 87). Les Sabiniens tenaient pour la nullité, par le motif que l'on ne peut pas céder *in jure* son propre patrimoine et que l'héritier sien, au lieu d'acquérir une hérédité, acquiert seulement la libre disposition d'un patrimoine qui lui appartenait déjà du vivant de son père. Les Proculiens soutenaient la validité, par le motif que l'héritier nécessaire est vraiment un héritier, bien qu'il acquière l'hérédité autrement que l'*extraneus*, cette différence dans le mode d'acquérir devant être sans influence pour la solution de la question débattue. Or, c'est précisément la même controverse qui aurait existé relativement à l'usucapion. M. Huschke regarde cela comme si évident qu'il n'hésite pas (p. 169) à faire parler ainsi les deux écoles. Les Sabiniens auraient dit : « Lorsqu'il y a un héritier sien, on ne peut pas prétendre que son patrimoine soit sans maître à son décès, ni même qu'il y ait une hérédité, à cause de l'unité de personne qui existe entre le défunt et son fils ; donc l'usucapion *pro herede* est impossible. » A quoi les Proculiens auraient répondu : « L'héritier sien est un héritier ; cela suppose une hérédité, peu importe comment l'acquisition ait lieu, *ipso jure* ou par adition ; donc l'usucapion *pro herede* est possible. »

Après avoir fait tenir ce langage aux uns et aux autres, M. Huschke (p. 170) ajoute que, du temps de Gaius, le débat continuait seulement sur l'*in jure cessio*, peut-être parce qu'elle était rare dans la pratique, tandis qu'il avait cessé quant à l'usucapion, pour laquelle avait prévalu l'opinion intermédiaire que Gaius nous fait connaître. Cette opinion moyenne consistait à admettre l'usucapion seulement au cas d'héritier nécessaire (esclave), mais non au cas d'héritier sien. Double décision, fort juste d'après M. Huschke ; car, pour le *suus*, il est parfaitement vrai de dire que le patrimoine n'a jamais été une hérédité, ce qui exclut toute idée d'usucapion *pro herede*. Mais, pour l'héritier nécessaire, on ne peut pas dire, bien qu'il acquière aussi le patrimoine immédiatement à la mort du testateur, qu'il en avait déjà la propriété *rivo testatore*, puisqu'alors il était esclave ou *in mancipio*. La liberté qu'il acquiert en vertu du testament est comme une acquisition à titre particulier d'une chose comprise dans le patrimoine; elle présuppose donc l'existence d'une hérédité. Par suite, l'usucapion *pro herede* doit être possible *ipso jure* contre lui, aussi bien que contre l'héritier externe, sauf, bien entendu, depuis le sénatus-consulte d'Adrien, à être révocable par la pétition d'hérédité (63).

Fort ingénieux, le système de M. Huschke renferme une idée vraie, c'est que l'impossibilité d'usucaper contre les *sui* se rattache au principe de leur copropriété avec leur père. Mais sa pensée fondamentale, c'est-à-dire la conjecture que l'usucapion, en cas de *sui* et d'héritier nécessaire, donnait lieu à la même controverse chez les Romains que l'*in jure cessio*, me semble fort contestable aujourd'hui. En effet, le raisonnement qu'il prête à chacune des deux écoles, pour repousser ou pour admettre l'usucapion, suppose qu'il y aurait eu à Rome une controverse dans le cas d'héritiers siens, comme dans celui d'héritier simplement nécessaire. Or, je crois, et, si je ne me trompe, je montrerai, qu'au cas d'héritiers siens, il n'a pas dû y en avoir; c'est seulement au cas d'héritier nécessaire qu'il en aurait existé une, et déjà, du temps de Gaius, elle aurait été résolue dans le sens de l'assimilation à l'héritier sien (64).

23. — De même que M. Huschke, M. de Scheurl (65) considère l'usucapion *pro herede* et l'*in jure cessio hereditatis* comme

---

(63) C'est ainsi que j'entends le passage suivant de M. Huschke qui me semble laisser à désirer, sous le rapport de la clarté : « Aber freilich nach dem Hadrianischen senatusconsult auch nur noch *ipso jure* (p. 172) ». Là, comme à sa note 26 (p. 167), il oppose *ipso jure* à *revocatio ex scto*. Aussi place-t-il la virgule avant *ipso jure* et non après ; en quoi il a parfaitement raison. — On voit que, de même que Puchta, M. Huschke entend que l'usucapion est possible, *quoique* l'héritier soit nécessaire, et non pas *parce que* sa qualité l'aurait fait traiter par le sénatus-consulte avec une rigueur particulière. Aussi dans le § 201, traduisait-il par *licet* l'abréviation qui est aujourd'hui reconnue pour signifier *nisi* (V. *supra*, n° 15, *infra*, n° 35).

(64) V. ci-dessous, n° 45-47.

(65) *Beiträge zur Bearbeitung des römischen Rechts.* A. von Scheurl, Erlangen, 1853, t. I, p. 94-101 (*Usucapio pro herede und in jure cessio hereditatis*).

étroitement liées. Elles reposent, selon lui, sur une seule et même idée, savoir que si l'hérédité n'est prise ni par un héritier testamentaire, ni par un héritier légitime, elle peut l'être par toute personne qui veut devenir héritière, soit de sa propre autorité (usucapion), soit du consentement de celui qui y était appelé (*in jure cessio*). Ces deux institutions sont d'ailleurs, selon lui, des formations grossières et inférieures du droit romain, qui vont en se mourant dès qu'il se produit une formation plus parfaite, et qui ne sauraient fournir aucune lumière sur la véritable nature du droit héréditaire. Si la présence des héritiers siens empêche toute usucapion *pro herede*, c'est parce que le droit civil tient pour inefficace leur volonté de renoncer à l'hérédité, de quelque manière qu'elle se manifeste. La loi 2 au Code est simplement la conséquence de cette règle générale appliquée à l'usucapion ; la décision du rescrit est la même que celle des Sabiniens sur l'*in jure cessio*, d'après Gaius, 2, 37, et 3, 87 (65 *bis*).

24. — D'après M. Sell (66), les termes de la loi 2 au Code (*magis obtinuit*) prouvent, sans doute, qu'il y a eu à Rome une controverse, mais cette controverse n'a pas pu se produire au début, car il ne devait d'abord y avoir aucun doute sur l'impossibilité de l'usucapion. Si l'on songe en effet aux motifs qui l'ont fait admettre (*maturius adiri*, dans l'intérêt des *sacra* et des créanciers), il est clair qu'elle devait être impossible dès qu'il y avait héritier sien, puisque le motif allégué aurait alors fait défaut, tout héritier nécessaire étant tenu de plein droit des *sacra* et des dettes. Le doute ne s'éleva que plus tard, après que l'on eut admis qu'il ne suffisait pas qu'un héritier sien eût acquis l'hérédité, mais qu'il fallait encore qu'il prît soin des

(65 *bis*) M. Kuntze (Excurse über röm. Recht, Leipzig, 1869, additions au § 838 de son Cursus, p. 550) combat cette interprétation de la loi 2 ; il trouve qu'en cela M. de Scheurl pousse trop loin l'assimilation entre l'usucapion *pro herede* et l'*in jure cessio hereditatis*. Pour M. Kuntze, le rescrit concerne uniquement la nouvelle et *proba* usucapion *pro herede*, que l'on voudrait opposer aux héritiers siens. — Quant à l'héritier simplement nécessaire, ni M. de Scheurl ni M. Kuntze ne s'en occupent. — Pendant l'impression, je reçois la seconde édition des *Excurse*, Leipzig, 1880 ; l'auteur (p. 618, *b*, 12) se borne à reproduire ce qu'il avait dit (p. 550 de la 1re édit.) ; la nouvelle leçon des §§ 58 et 201 de Gaius ne paraît pas avoir attiré son attention.

(66) Römische Lehre der dinglichen Rechte oder Sachen-Rechte, Bonn, 1852 (2e édit., t. I, p. 187-90, § 44).

affaires de la succession. Cela fut admis dans l'intérêt des créanciers, non sans hésitation, et seulement lorsque l'héritier était *suus*. — Quant à l'héritier nécessaire (esclave), l'usucapion a toujours été possible contre lui, et cela sans aucun doute pour les Romains; les textes ne nous en font pas connaître sur ce point. Pourquoi l'usucapion contre lui était-elle possible, et devait-elle l'être nécessairement? Parce que ni les créanciers ni les *sacra* ne fournissaient de motif pour l'empêcher. En effet, l'esclave n'était institué par son maître que pour détourner sur lui l'infamie résultant de la *bonorum venditio*. Or les créanciers n'avaient pas d'intérêt à ce qu'il restât héritier, puisqu'il jouissait du bénéfice de soustraire à leurs poursuites les biens acquis par lui *post mortem patroni* (Gaius, 2, 155). Au contraire, il valait mieux pour eux qu'un tiers pût usucaper, car alors ce tiers, devenu héritier par l'usucapion, était tenu des dettes du défunt sur tout son patrimoine; ils avaient ainsi des chances d'être payés, plus grandes que si l'usucapion eût été impossible. Quant aux *sacra*, l'héritier nécessaire, destiné à subir la *bonorum venditio*, cessait d'en être tenu, puisqu'il n'avait plus entre les mains la fortune du défunt. L'obligation aux *sacra* passait au *bonorum emptor;* mais, comme il fallait pour la procédure de *bonorum venditio*, plus de temps que pour l'usucapion *pro herede*, celle-ci avait pour résultat d'obliger l'*usucapiens* aux *sacra* avant le *bonorum emptor* lui-même.

Cette explication soulève de nombreuses objections (67). Il suffira de noter que le rapport établi par M. Sell entre la présence de l'héritier sien (qui aurait donné lieu à une controverse) et celle de l'héritier nécessaire (qui n'en aurait pas fait naître) était déjà contraire à l'ancien texte de Gaius (3, 201), car le doute que Gaius signalait (*placuit*) était précisément relatif à l'héritier nécessaire; il est encore beaucoup plus inadmissible, depuis 1874, et c'est précisément le rapport inverse qui semble le seul vrai (68).

25. — Pour Keller (69), la possibilité d'usucaper contre le *necessarius heres*, malgré son acquisition *ipso jure* de l'héré-

<hr>

(67) M. Walter (Geschichte des römisch-Recht, 3ᵉ édit., Bonn, 1861, t. II, n. 670, note 58) la préfère à celle de M. Huschke. Je serais plutôt de l'avis opposé.

(68) V. ci-après, nᵒˢ 35 et suivants.

(69) Pandekten, 2ᵉ édit. (Lewis), t. II, Leipzig, 1867, § 457, note 6.

dité « correspond parfaitement à cette pensée » que « la succession à un défunt doit se présenter non seulement d'une
manière idéale, juridique et invisible, mais encore d'une
manière matérielle, corporelle et accessible aux sens de toute
personne, telle que l'appréhension de fait de la possession
(*pro herede gestio*, dans le sens large). Par l'appréhension, qui
est ouverte à tous, le non-héritier lui-même doit pouvoir
obtenir sur l'héritier un certain avantage. » Keller pense
que la possibilité d'usucaper en présence d'un héritier nécessaire n'a été reconnue à Rome qu'après controverse.
— Quant à l'impossibilité d'usucaper en présence d'héritiers siens, il la fait reposer sur le lien de famille (L. 11 *de lib.
et post.*), et il regarde comme incertain le point de savoir
si elle a été admise dès l'origine ou seulement plus tard.

25 *bis.* — Parmi les opinions émises en Allemagne avant
1874, j'analyserai en dernier lieu celle qu'a exposée M. Leist
dans le nouveau traité de la *Bonorum possessio* qu'il a publié
récemment, comme suite du grand ouvrage de Gluck (70).
M. Leist commence par poser le principe que, pour que l'usucapion *pro herede* soit possible, il faut que la chose soit devenue libre de possesseur par la mort du défunt, ou en
d'autres termes, que l'héritier n'en ait pas encore acquis la
possession (Gaius, 2, 52; 3, 201). Il fait remarquer fort justement que l'acquisition de la propriété de l'hérédité ne suffit pas pour l'empêcher, s'il n'y a eu acquisition de possession
par l'héritier. M. Leist ajoute que les Romains sont restés
fidèles à ce principe, quand il y a un héritier nécessaire
(Gaius, 2, 58; 3, 201), mais qu'ils y ont souffert une exception,
lorsqu'il y a un héritier sien (L. 2 au Code); exception qui,

(70) Ausfürliche Erläuterung der Pandecten, commencee par Glück en 1790,
continuée par Mühlenbruch, Fein, Arndts et Leist : Série des livres 37 et 38
par M. Leist, t. I, Erlangen, 1870, p. 212-213. — C'est une bonne fortune pour
l'ouvrage de Glück que d'avoir eu sur la matière de la *Bonorum possessio*
le concours de M. Leist, qui avait déjà publié un premier et remarquable
traité sous ce titre *Die bonorum possessio, ihre geschichtliche Entwicklung
und heutige Geltung*, 2 vol. Göttingen, 1844-1848. M. Leist vient de lui consacrer trois nouveaux volumes (1870-1873-1875), dont la lecture est des plus
instructives et des plus attachantes. Le passage que j'ai analysé est tiré
du § 1598 *c*, où l'auteur traite du *Rapport de la Bonorum possessio avec
l'usucapion pro herede* (p. 164-292); ce paragraphe forme une des sections du
chapitre intitulé *De la possession de l'hérédité en droit romain dans sa forme
originaire*, lequel occupe tout le 1er volume et plus de la moitié du second.

d'ailleurs, n'aurait été admise que tard et après controverse (*magis obtinuit*). Quant au motif sur lequel repose cette exception unique, on aura pu alléguer, dit-il, la *continuationem dominii* dont parle Paul (L. 11 *de lib.*); mais c'est un motif qui, pris à la lettre, conduirait trop loin. On peut dire qu'il ne prouve rien, parce qu'il prouverait trop, et il ne devait certes pas paraître évident à ceux qui, à Rome, combattaient la décision qui a prévalu. Au fond, cette *continuatio dominii* ou copropriété des héritiers siens n'est pas un principe juridique, car c'est une règle qui manque de fermeté. Il n'y a là qu'une proposition d'équité assez nuageuse, que l'on trouve employée non seulement entre *parentes et liberi*, mais encore entre époux (*quodammodo dominam*, L. 1 D. *rer. amot.* 25, 2). La véritable raison qui a fondé la décision du rescrit, c'est le désir de restreindre le plus possible l'usucapion *pro herede*, dès qu'il s'en présentait une occasion ; on en a trouvé une, dans le motif tiré de la *continuatio dominii*, mais en réalité, ce motif n'était qu'un prétexte.

Il y a une part incontestable de vérité dans cette doctrine de M. Leist, mais je crois que son opinion sur le sens et sur le véritable motif de la loi 2 était déjà fort contestable avant 1874 et que, depuis, elle est devenue insoutenable (71).

26. — En France, on s'est en général peu occupé de la question. Quelques auteurs l'ont entièrement passée sous silence (72); la plupart se sont contentés d'en dire un mot.

Etienne (73) et de Fresquet (74) présentent comme allant de soi que l'héritier nécessaire soit traité au point de vue de l'usucapion avec une rigueur exceptionnelle. Etienne en donne pour motif qu'il est « plus coupable qu'un autre d'abandonner les biens. » M. de Fresquet ajoute que cet héritier

---

(71) V. *infra*, n° 41 et suivants.

(72) Par exemple, M. Ortolan dans ses éditions successives de l'Explication historique des Instituts, et encore dans la 11°, que vient de publier notre savant collègue, M. Labbé (Paris, 1879); nous souhaitons que, dans une prochaine édition, M. Labbé fasse de l'usucapion *pro herede* l'objet d'une des notes substantielles, ou même de l'un des appendices, dont il enrichit l'ouvrage de M. Ortolan.

(73) Institutes de Justinien, Paris, 1846, t. I, p. 286, note 2.

(74) Traité élémentaire de droit romain, Paris, sans date (1855), t. I, p. 250.

« n'a jamais inspiré une grande sympathie au législateur romain. »

Notre savant maître, M. Demangeat (75), croit que les jurisconsultes romains, après avoir été divisés, avaient fini par arriver à cette distinction : possibilité d'usucapion en présence de l'héritier simplement nécessaire, impossibilité en présence de l'héritier sien et nécessaire. Il n'ajoute d'ailleurs aucune explication. — M. Domenget n'en donne pas davantage (76).

Notre collègue et ami, M. Accarias, dans ses éditions antérieures à 1874 (77), se préoccupe de la question, qu'il considère à juste titre comme difficile et obscure. Il se demande s'il « ne semble pas que, d'après le primitif esprit de la loi, l'usucapion *pro herede* dût être écartée par cela seul qu'il y avait un héritier et indépendamment de son entrée en possession ». Il répond qu' « il est certain cependant que, dans le droit classique, ni l'adition d'un héritier externe, ni la présence d'un héritier simplement nécessaire ne l'empêchent (Gaius, III, 201). L'existence d'un *suus heres* a-t-elle plus d'effet ? On l'a conjecturé d'après un texte du Code (2, C. VII, 29). »

27. — Les auteurs français qui ont traité notre sujet avec le plus de développements sont notre collègue de Toulouse, M. Huc, et notre savant maître de la Faculté de Paris, M. Machelard.

M. Huc a publié sur le *Formalisme dans l'ancien droit romain* (78) une étude où il entreprend d'établir que l'ancien droit romain n'est pas plus *âpre*, plus *rude*, plus *exclusif* que les autres législations et que le prétendu formalisme qui, dit-on, en constitue le caractère distinctif, n'a jamais

(75) Cours élémentaire de droit romain, Paris, 1864, t. I, p. 561.

(76) Institutes de Gaius, traduction et commentaire (sur le § 58), 2ᵉ édit., Paris, 1866.

(77) Précis de droit romain, t. I, n° 243, Paris, 1ʳᵉ édit., 1871, p. 330, note 1 ; 2ᵉ édition, 1874, p. 546, note 4.

(78) Mémoires de l'Académie de Toulouse, t. X, 1861, p. 20-144. — Dans le compte rendu que notre collègue et ami, M. Caillemer, a donné de l'ouvrage de M. Huc, *Revue historique*, t. VII (1861, p. 547-551), il cite, comme exemple d'interprétation judicieuse et plausible, contenue au travail de M. Huc, précisément l'explication relative à l'usucapion *pro herede* en présence d'héritiers nécessaires.

existé (p. 22). Jaloux de justifier au point de vue de la raison et même de l'équité, l'usucapion *pro herede*, il pense (p. 102) que, si elle est devenue odieuse et si elle a mérité d'être qualifiée d'*improba* par Gaius, c'est par suite de l'abus qui en a été fait, après qu'elle eût subi plusieurs changements, mais qu'elle était à l'origine la conséquence naturelle, légitime même, de principes juridiques incontestables, et qu'elle ne présentait rien d'étrange ni d'extraordinaire. Il la rattache à la faculté qu'avait l'héritier ab intestat de céder *in jure* l'hérédité *nondum adita*. En supposant que la *cessio* soit faite par un héritier apparent, au lieu de l'être par le véritable héritier, l'acquéreur peut, s'il est de bonne foi, usucaper l'hérédité; c'est là purement et simplement l'application des principes généraux sur l'usucapion, du moins avant que la loi Scribonia eût rendu impossible l'usucapion des choses incorporelles. Une pareille usucapion n'est ni *lucrativa* ni *improba*. Il est vrai qu'à côté d'elle, il s'en est établi une autre, dont le possesseur de mauvaise foi a pu profiter, mais qui, même accomplie par lui, pouvait ne pas être toujours *lucrativa* et qui n'était réellement *improba* que dans des cas exceptionnels. Cette seconde espèce d'usucapion est due à l'enchaînement des faits et des principes suivants.

Il peut arriver que l'hérédité soit abandonnée; les choses qui en font partie sont alors nécessairement *nullius*, l'idée d'attribuer à l'État les choses abandonnées ne s'étant fait jour que plus tard. Bien que *nullius*, elles ne peuvent évidemment (?) pas être acquises par occupation, parce que, l'adition pouvant être faite à toute époque, le véritable héritier peut apparaître à chaque instant. Comme, d'un autre côté, l'abandon de l'hérédité faisait évanouir les créances et les dettes du défunt, on imagina un moyen d'éviter ce dernier résultat, et en même temps d'empêcher l'instabilité de la propriété, ce fut de permettre à celui qui s'emparerait des choses héréditaires de devenir propriétaire par usucapion, tant de ces choses que de l'hérédité elle-même, mais à la charge de continuer les obligations du défunt. « A ce sujet, dit M. Huc (p. 104), nous devons admirer le génie pratique des vieux Romains, qui ont su profiter de cette situation, pour créer un mode de représentation légale de l'hérédité vacante, et pour satisfaire à la fois les intérêts religieux (*sacra privata*) et les intérêts particuliers (créanciers). »

Quand plus tard (en 720 de Rome) la loi Scribonia vint empêcher l'usucapion des servitudes, le principe sur lequel elle se fonda, savoir que les choses incorporelles ne pouvaient être ni possédées, ni usucapées, entraîna l'impossibilité d'usucaper l'hérédité elle-même. Mais l'usucapion des *corpora hereditaria* fut maintenue, probablement parce que l'usucapant ne pouvait les acquérir qu'à la charge de payer les créanciers (?), et par conséquent dans l'intérêt même de ces derniers. L'usucapion n'était ainsi *lucrativa* que dans la limite où l'actif dépassait le passif. Elle l'était surtout quand il n'y avait aucune dette héréditaire. Là se montrait l'abus de l'institution, abus auquel seul convient la qualification *d'improba*. Il y fut mis un terme par le sénatus-consulte d'Adrien, qui la déclara non avenue à l'égard de l'héritier et qui la laissa seulement subsister dans les rapports du possesseur usucapant à l'égard des tiers.

L'histoire de l'usucapion étant ainsi comprise, M. Huc (p. 108) explique de la manière suivante qu'elle soit possible en présence de l'héritier nécessaire et impossible en présence d'héritiers siens. La première de ces deux solutions, que Gaius nous donne comme ayant prévalu de son temps, concernait une controverse qui, déjà antérieure à Adrien, continuait encore après le sénatus-consulte, sur le point de savoir si la présence d'un héritier nécessaire quelconque, sien ou esclave, n'était pas un obstacle à l'usucapion *pro herede*. Le doute se conçoit bien, car l'acquisition *ipso jure* de la propriété par l'héritier nécessaire empêche que les choses héréditaires soient *res nullius*, ce qui est le fondement même et la condition de l'usucapion. Il pouvait subsister après le sénatus-consulte, bien que la question fût désormais sans intérêt pour l'héritier puisqu'il a le bénéfice de la révocation, mais elle en conservait un à l'égard des tiers. Voilà pourquoi Gaius, en terminant sur l'usucapion *pro herede*, nous apprend qu'on l'avait reconnue possible, malgré la présence d'un héritier nécessaire. Plus tard, la jurisprudence vint à se modifier et sous Dioclétien ce fut l'opinion contraire qui prévalut, témoin la loi 2 au Code.

A toutes ces fluctuations de la jurisprudence romaine sur l'usucapion *pro herede*, d'abord applicable à l'hérédité, puis restreinte aux choses héréditaires, d'abord possible malgré la présence d'héritiers nécessaires, puis impossible, il y a une cause commune; c'est que ni son établissement, ni sa restriction, ni même sa révocation, ne furent l'objet d'aucune disposition législative expresse, soit dans les lois antérieures au sénatus-consulte, soit dans le sénatus-consulte lui-même. Tout ce qui la concerne fut décidé d'après les principes généraux. Sa révocation fut elle-même admise comme résultant de l'économie générale du sénatus-consulte; mais elle ne faisait pas l'objet d'une disposition formelle qu'il en aurait portée, car s'il en avait renfermé une, Dioclétien n'aurait pas pu dire *magis obtinuit*.

Il restait à dire ce que signifie dans le droit de Justinien le rescrit de Dioclétien. M. Huc déclare impossible de le savoir; il n'est pas éloigné de voir dans son insertion au Code une méprise des compilateurs de Justinien.

L'espace me fait défaut pour discuter dans ses détails l'explication ingénieuse de M. Huc. Il me suffira de dire qu'elle renferme sans doute quelques éléments de vérité, mais que, dans son ensemble, elle était déjà inadmissible avant 1874 et qu'elle est devenue aujourd'hui plus insoutenable encore.

28. — Nous devons à M. Machelard ce que nous avons en France de plus complet sur l'usucapion *pro herede* (79). Relativement à la question qui nous occupe, il admet (p. 60-82) «qu'il y avait eu controverse entre les jurisconsultes romains sur la question de savoir si l'existence d'un héritier nécessaire faisait obstacle à l'usucapion et que cette question fut résolue par une distinction entre les héritiers nécessaires et les héritiers siens et nécessaires. » La difficulté provenait, lui semble-t-il, de ce que, dans le cas d'héritier nécessaire, il n'y a pas d'interruption de propriété, ce qui d'un côté empêche les choses d'être *nullius*, et de l'autre, fait disparaître un des motifs attribués à l'usucapion (*maturius adiri*). Logiquement

---

(79) *Usucapion lucrative*, en appendice à l'interdit *Quorum bonorum* dans sa Théorie générale des interdits en droit romain, Paris, 1864 (p. 78-99).

on aurait dû la déclarer impossible toutes les fois qu'il y a un héritier nécessaire, mais on le fit seulement en cas d'héritiers siens, ce que l'on décida en s'appuyant sur l'idée de la propriété qu'ils avaient déjà *vivo patre*. Du reste, cette décision ne prévalut qu'après de longs débats qui, déjà antérieurs à Adrien, subsistaient encore du temps de Dioclétien (*magis obtinuit*). Pour l'héritier simplement nécessaire, la décision opposée fut admise plus tôt, car elle avait déjà prévalu du temps de Gaius (*placuit* du § 201); mais cet héritier pouvait d'ailleurs, comme tout autre, invoquer la révocation en vertu du sénatus-consulte. — M. Machelard pense, avec Puchta et M. Huschke, que Gaius a insisté pour faire remarquer la possibilité d'usucaper *quoique* l'hérédité soit acquise de plein droit à l'héritier nécessaire; en conséquence, il approuve la conjecture de M. Huschke (*licet* au § 201). Mais il n'adhère pas à la manière dont M. Huschke explique l'*ipso jure* du § 58. Au lieu de l'entendre dans ce sens que l'usucapion serait *ipso jure* possible, sauf révocation, M. Machelard rapporte *ipso jure* à *extante*, auquel il est lié par *tamen*, en sorte que le sens d'*ipso jure* au § 58 serait exactement le même que celui de *licet* au § 201. Dans les deux passages, Gaius n'aurait pas dit autre chose que ceci : malgré l'acquisition de l'hérédité *ipso jure*, ce qui semble exclure l'usucapion, elle est *cependant* possible.

De même que toutes les précédentes, l'opinion de M. Machelard, si vraie qu'elle soit à certains égards, ne peut plus se soutenir dans son ensemble en présence de nouveau texte de Gaius (80).

29. — En Belgique, on n'a pas été plus heureux qu'en Allemagne et en France, dans les explications que l'on a proposées. — M. Van Wetter (81), partant de l'idée que le motif de l'usucapion tiré des *sacra* « n'est guère sérieux », croit que le véritable motif de l'usucapion a été de fournir aux cognats un moyen d'arriver à la succession à défaut d'agnats. Dès lors « on s'explique la règle qui la laissait ouverte contre un esclave malgré l'acquisition de plein droit

(80) V. ci-dessous, les n°⁵ 34 et suivants.
(81) Cours élémentaire de droit romain, Gand et Paris, 1874, t. I, p. 383, note 17.

que cet esclave avait faite de l'hérédité ; c'est que le cognat
méritait plus de faveur qu'un esclave. »

30. — M. Maynz (82) déclare aussi, à plusieurs reprises (83)
que « l'on ne peut pas prendre au sérieux (84) » ce que dit
Gaius, lorsqu'il attribue l'établissement de l'usucapion *pro
herede* au désir de pousser l'héritier à faire adition sans
trop tarder. Sur les rapports de la succession testamentaire
avec la succession ab intestat, il pense que le testament a été
à Rome plus ancien que l'hérédité légitime et que l'usucapion
pro herede n'aurait été établie que pour suppléer au défaut
de testament, à l'époque où la succession ab intestat n'était
pas encore reconnue (85). Quant à la question particulière
qui nous occupe, il pense (86) que la loi 2 doit être rapportée à
l'usucapion avec bonne foi, mais il n'est pas d'avis qu'elle
tranche une controverse, qui aurait existé chez les Romains
et qui déjà, du temps de Gaius, aurait été décidée en faveur
des *sui* contre le *necessarius*. Il pense que, dans les deux passages de Gaius (§§ 58 et 201), les *sui* sont compris sous le
terme de *necessarius*, comme cela a lieu souvent, dit-il, et chez
le même Gaius, (2, 37 ; 3, 87). Il n'en considère pas moins le
rescrit comme établissant au profit des héritiers siens un
privilège, qui ne leur aurait été accordé que postérieurement
à Gaius, ce dont les mots *magis obtinuit* lui semblent la
preuve. A ce propos, M. Maynz *affirme* que ce privilège «n'a
pu être admis qu'à une époque où l'*hérésie historique* (!) qui
considère les *sui* comme copropriétaires des biens de leur
paterfamilias avait trouvé place dans les mœurs comme un
argument rationnel. » Il termine en se demandant « quelle
était l'utilité dudit bénéfice des *sui* après le sénatus-consulte
d'Adrien..... » La réponse est simple, selon lui : le sénatus-
consulte ne s'appliquait qu'au défendeur dans la pétition d'hé-

----

(82) Cours de droit romain, 4ᵉ édition, Bruxelles, 1876-77. — Bien que
postérieure à la publication de M. Studemund, cette édition est faite
d'après l'ancien texte de Gaius.

(83) Entre autres, § 359, note 6, et § 411 au texte et note 31, t. III, p. 197
et 510. Comparer § 110, notes 2 et 29, t. I, p. 740 et 743.

(84) Non seulement cette opinion, mais encore cette manière même de l'exprimer semblent en faveur en Belgique, V. *supra*, V. Wetter, *loc. cit.*, note 81.

(85) V. § 359, note 6 et l'*Observation* qui suit le § 359.

(86) § 411, notes 40-43.

rédité, tandis que la loi 2 pouvait être invoquée par le *suus*
contre le tiers acquéreur qui aurait voulu joindre à sa possession celle du possesseur de qui il tenait une chose ayant
fait partie de l'hérédité. L'usucapion que le tiers acquéreur
pourra ainsi opposer, même à l'héritier véritable, est d'ailleurs, ajoute-t-il, l'usucapion ordinaire *pro emptore, pro
soluto*, etc.....

Il serait trop long de relever en détail chacune des objections, pour ne pas dire des impossibilités de ce système. Le
nom de l'auteur et le succès de son *Cours de droit romain*,
arrivé promptement à une quatrième édition, me faisaient
un devoir de l'exposer ; mais c'en est un aussi de le combattre
et d'empêcher, autant que possible, de s'accréditer ce que
je regarde comme de graves erreurs. Imaginer qu'à
Rome la succession testamentaire aurait précédé la succession ab intestat, c'est se mettre en opposition avec l'histoire
universelle du droit et certainement au moins avec celle des
peuples de race aryenne, à laquelle appartenaient les Romains. Si remarquable, si extraordinaire même qu'ait été
le génie juridique des Romains, il n'a pu s'exercer ni con-
trairement aux lois générales de l'humanité, ni en dehors
des traditions qui leur venaient de leurs ancêtres. Quand
l'auteur risque l'expression d'*hérésie historique* pour qualifier
l'idée d'une copropriété des héritiers siens avec le *paterfamilias*, il s'expose à ce qu'on la lui retourne. Je reviendrai sur
ces idées quand je traiterai de la saisine dans ses rapports
avec la copropriété de famille ; il m'a semblé nécessaire de
les indiquer dès à présent, ne fût-ce que par un mot.

31. — La fausse doctrine de M. Maynz a trouvé, en Belgique même, des contradicteurs. Dans un ouvrage récent (87)
publié également à Bruxelles, M. Rivier dit fort exactement,
selon moi, que l'acquisition de plein droit par les héritiers
nécessaires « est un reste de l'ancienne copropriété familiale,
comme le principe germanique *« le mort saisit le vif. »* Il est

87) Traité élémentaire des Successions à cause de mort en droit romain,
Bruxelles, Paris et Genève, 1878, p. 260, note 2. — A l'occasion de l'ouvrage de M. Rivier, M. Ch. Giraud a publié dans le *Journal des savants*
(novembre et décembre 1878), deux articles du plus haut intérêt sur *Les
successions en droit romain;* nous souhaitons vivement que notre illustre
maître nous donne bientôt la suite qu'il nous a fait espérer.

regrettable que M. Rivier, après avoir exprimé une pensée aussi juste, ne lui ait pas donné plus de développement et que, sur l'usucapion en particulier, il n'ait pas touché la question qui nous occupe (88).

32. — En Italie, il ne s'est pas produit, que je sache, d'explication particulière sur notre sujet. M. F. Serafini (89) se borne à dire que l'usucapion *pro herede* s'opposait au *necessarius*, mais non au *suus et necessarius*.

III. L'usucapion pro herede en présence d'héritiers nécessaires depuis la publication de l'apographum de M. Studemund.

33. — Après les tentatives répétées de Göschen, surtout après le travail malheureux de Bluhme qui, en 1821 et 1822, pour faire réapparaître ce que n'avaient pu découvrir ses prédécesseurs, employa des moyens dont le manuscrit eut beaucoup à souffrir et qui rendent même désormais impossible la lecture de certains passages, il semblait qu'il n'y avait plus rien de nouveau à attendre du fameux palimpseste. Cette opinion paraissait confirmée par l'insuccès d'un jurisconsulte italien, M. Gius. Tedeschi, qui, à Vérone même, en 1857, avait essayé de lire le manuscrit et de donner une édition de Gaius avec traduction italienne. En 1866, l'un des collaborateurs de Göschen, Bethmann-Holweg, n'hésitait pas à déclarer que « toute inspection nouvelle que l'on voudrait faire du maunucrit ne conduirait qu'à un résultat nul ou insignifiant » (90).

Ce fut pourtant cette même année qu'un philologue allemand, bien jeune encore (il n'avait que vingt-trois ans), mais déjà versé dans la paléographie et possédant à un rare degré l'art de la lecture des palimpsestes, fut envoyé à Vérone par l'Académie des sciences de Berlin, avec la mission de

.(88) M. Rivier admet encore la leçon du § 58 : *pro herede usucapi potest* (p. 37); cependant, aux *Sources* (p. xiii), il cite l'édition Krüger et Studemund de 1877.

(89) Instituzioni di diritto romano comparato al diritto civile patrio. Florence, 1870-73, 1re partie, p. 172, note 6.

(90) Zeitschrift für Recthsgeschichte, t. V, p. 362.

tenter une nouvelle expérience. Elle réussit, au-delà peut-être de l'espoir que l'on avait eu, grâce, sans doute, au concours que prêta le préfet de la bibliothèque du chapitre de Vérone, le comte Charles Giuliari, et aux conseils que donnèrent MM. Mommsen et Krüger, mais surtout au savoir, à la persévérance et à l'habité de M. Studemund lui-même. Le résultat de tant d'efforts si bien dirigés fut la publication en 1874 d'un magnifique *apographum*, copie exacte ou *fac simile* de la nouvelle leçon du manuscrit de Gaius (91).

Cette publication doit être rangée, comme la découverte même de Gaius en 1816, au nombre des événements de ce siècle les plus importants pour l'étude et pour l'enseignement du droit romain.

Il ne paraît pas que, jusqu'à ce jour, on s'en soit occupé suffisamment (92). Son auteur lui-même, M. Studemund, ne semble pas en avoir d'abord compris toute l'importance au point de vue juridique. Il présente ses découvertes comme ayant moins de valeur aux yeux des jurisconsultes qu'à ceux des philologues (93) et rend d'ailleurs hommage aux travaux de ses devanciers, dont il était sans doute, mieux que personne, à même d'apprécier la difficulté et le mérite.

Que l'importance du nouvel *apographum* soit très grande au point de vue de la philologie, on ne peut en douter, dès que M. Studemund l'affirme. Au point de vue du droit, elle est, je ne crains pas de le dire, immense. De même que la découverte de Gaius a opéré une révolution dans l'étude du droit romain, de même il doit s'en produire une, moins profonde assurément, mais inévitable et fort grande encore, sous l'influence de la nouvelle leçon de Gaius, que nous devons à M. Studemund.

Le sujet que nous étudions nous en donne un exemple

(91) Gaii Institutionum commentarii quatuor Codicis Veronensis denuo collati apographum confecit et iussu academiæ regiæ scientiarum Berolinensis edidit Guilelmus Studemund. Accedit pagina codicis veronensis photographice efficta. Prostat Lipsiae apud Sal. Hirzel, MDCCCLXXIV, xxxii-325 p. in-4°. — Avec *Index notarum* et *Index orthographicus* (p. 253-325).

(92) Elle n'a été, à ma connaissance, l'objet d'aucun compte rendu en France. Son histoire serait pourtant intéressante; les éléments s'en trouvent dans la préface que M. Studemund a mise en tête de l'*apographum*.

(93) « Ea quæ expiscatus sum iurisconsultis minoris quam philologis momenti esse videbuntur (préface, p. xvii).

frappant, qui n'est certes pas le seul (94). On croyait que Gaius affirmait la possibilité de l'usucapion *pro herede*, en présence d'héritiers nécessaires. Nous venons de voir combien il était malaisé d'expliquer cette prétendue règle ; les plus habiles y avaient échoué. Nous savons maintenant que, tout au contraire, l'usucapion est impossible. Il s'agit d'expliquer cette règle nouvelle et d'en tirer la conséquence fort importante qui me paraît en résulter, savoir qu'il y avait en droit romain une véritable saisine héréditaire.

34. — *Etablissement du texte de Gaius depuis* 1874. 1) *Le* § 58 *du commentaire II.* — Je donne d'abord le texte, tel qu'il se trouve aux pages 67 et 68 de l'*apographum*. — Je fais précéder le § 58 des derniers mots du § 57, comme je l'ai fait (n° 14 ci-dessus) pour l'*apographum* de Böcking, et par les mêmes motifs :

..... usucaptañēēt. et || Necessariotamenheredeextanterþipso-jure | phdeusucapipotest.

Voyons ce que ce texte est devenu dans les éditions qui ont été faites d'après l'*apographum* de M. Studemund. Il en a été déjà publié cinq (95).

(94) Les lecteurs de la *Revue* en connaissent déjà un autre. M. Édouard Beaudoin, dans une remarquable étude sur *Le Majus et le Minus Latium*, leur a montré comment le texte des §§ 95-96 du com. 1er, tel que l'a lu M. Studemund, éclaire d'un jour entièrement nouveau la célèbre question du double droit latin. *Revue*, 1879, p. 2-3, 134-135.

(95) Nous allons voir que, suivant l'usage des éditeurs, le texte a subi des changements ; les uns en suppriment quelque chose, tandis que d'autres y ajoutent. Oserai-je, à ce sujet, exprimer un regret et un vœu? Le regret que les éditeurs fassent subir au texte un changement, quel qu'il soit ; le vœu qu'il soit fait une édition où le texte soit donné tel que le fournit l'*apographum*, sans aucun mélange, addition ni retranchement. Est-ce impossible, surtout quand il s'agit d'un auteur dont il n'existe qu'un manuscrit unique, comme c'est le cas pour Gaius? Je ne le crois pas. Assurément, il faudrait que le public n'en connût pas moins ce que pense l'éditeur sur les additions, suppressions, corrections quelconques, que le texte comporte. Il serait d'autant plus fâcheux que le public en fût privé, que les éditeurs sont souvent des hommes d'une science profonde et d'une rare sagacité. Mais il y aurait avantage à ce que l'on distinguât plus nettement ce qui vient de l'éditeur de ce qui vient du manuscrit. On se contente habituellement, soit d'employer des caractères d'impression différents, soit de mettre des crochets pour ce qui est l'œuvre de l'éditeur, et encore toutes les éditions ne prennent-elles pas ce soin avec une suffisante exactitude. C'est quelque chose, mais ce n'est pas assez ; il faut un signe plus frappant. Le meilleur serait selon moi de donner une place tout à fait différente à ce qui, en réalité, est profondément différent.

La première a paru en Hollande dès 1876, par les soins de M. Polenaar (96). Le mot *et* y est supprimé; mais une note avertit qu'il se trouve au manuscrit. Quant au *point*, que le manuscrit porte entre *esset* du § 57 et le mot *et* du § 58, il disparaît sans qu'il en soit fait mention. — *Ipso jure* est placé entre deux virgules.

La seconde a été donnée en 1877, par M. Studemund lui-même avec la collaboration M. Krueger (97). Ils suppriment *et*, ainsi que le *point* qui le précède; en note, ils renvoient à l'*Index notarum* qui accompagne l'*apographum*. En s'y reportant, on parvient, non sans quelque peine, à constater que le manuscrit porte *ēēt. et*, qu'ils lisent *esset* (98). — Ils ne mettent de virgule, ni avant, ni après *ipso jure*.

M. Huschke, en 1879, a publié la troisième (99). La leçon à laquelle il s'arrête diffère sensiblement de celle des deux autres ; il tient compte, d'abord, du *point* qui suit *eet*, et ensuite du mot *et ;* il lit en conséquence :

(*Suo*) et necessario tamen herede extante nihil ipso jure pro herede usucapi potest.

C'est, à mon avis, la meilleure manière de lire le texte (100).

Une quatrième vient d'être publiée par M. Gneist (100 *bis*). Il admet la leçon de MM. Krueger et Studemund, et indique brièvement les autres.

Enfin il a paru en Écosse une cinquième édition, par les

(96) Syntagma Institutionum novum. Gaii Instit... secundum Guil. Studemund Cod. Ver. collationem edid. emend. notisque illustravit, appositis Justiniani Institutionibus... ex recensione P. Krueger.. B. J. Polenaar litt. hum. et dr. iur. utr. dr. Lugduni Batavorum, Brill, 1876.

(97) Gaii Institutiones ad codicis veronensis apographum studemundianum in usum scholarum ediderunt Paulus Krueger et Guil. Studemund ; inest epistola critica Theodori Mommsen, Berolini, Weidmann, 1877.

(98) « *Ēēt. et* (i, e. esset et) *pro esset;* » Index notarum, p. 266.

(99) Gaii Institut. Comm. quatuor, recens Ph. E. Huschke, editio separata tertia ad Studemundi apographum curata, Leibzig, Teubner, 1878. — Cette 3ᵉ édition séparée est extraite de la 4ᵉ édition de ses Jurisprudentiæ antejustinianæ quæ supersunt, Lipsiæ, Teubner, 1879.

(100) V. ci-dessous, nᵒˢ 42 et suivants.

(100 *bis*) Institutionum et regularum juris romani syntagma... Gaii et Justiniani Institut... Ulpiani... regul... Pauli sentent..... XII tabularum fragment... edidit Rudolp. Gneist, editio altera... Lipsiæ, Teubner, 1880.

soins de M. Muirhead (100 *ter*), qui admet également la leçon
de MM. Krüger et Studemund. En note, il fait remarquer la
différence totale du sens donné par le texte depuis l'apographum de M. Studemund; il signale la conjecture de
M. Huschke (*suo et*), mais il ne pense pas qu'elle puisse être
acceptée, parce que, dit-il, dans le § 201 du commentaire III,
Gaius emploie de nouveau simplement le mot *necessarius*. Ce
motif de rejeter *suo* au § 58 n'est pas décisif, à mes yeux; car
on peut s'expliquer, et j'essaie plus bas de le montrer, que
l'un des passages peut fort bien contenir *suo* et l'autre ne pas
le contenir. Il y a plus, je crois que les deux passages n'ont
pas été écrits par Gaius en vue de la même hypothèse, et
que c'est à dessein que, dans l'un d'eux (§ 201), il s'exprime
en termes moins affirmatifs (*placuit*) que dans l'autre (§ 58).
(V. *infra*, n° 45).

35. — *Le § 201 du commentaire III.* — *a*) Texte pur de l'A-
pographum (p. 180, lignes 18-20) :

..... u̅u̅rhtariasquarumhrnenactusp' | sessionemr̩necessarius
heressetnnecessariohdcextateplacuitr̩prohdeusucapip'sitde.....

b) Edition Polenaar :... veluti res hereditarias, quarum he-
res non est nactus pos | sessionem, *nisi* necessarius heres
esset; nam necessario herede exta[*n*]te placuit, nihil pro herede usucapi poss[*e*]. Item debitor.....

c) Edition Krueger et Studemund : ... veluti res hereditarias quarum heres non est nactus possessionem, nisi necessarius heres *extet*, nam necessario herede ext*ante* placuit
nihil pro herede usucapi posse : Item debitor.

d) Edition Huschke :... uelut res hereditarias, quarum
heres 'non(*dum*) est nactus possessionem, 'nisi necessarius
heres *extet*; nam necessario herede extante placuit, 'nihil
pro herede usucapi posse. Item de*bitor*.

e) Edition Gneist : même leçon que Huschhe.

f) Edition Muirhead : même leçon également, sauf *extet*
qu'il remplace par *esset* et il ajoute qu'il ne voit pas pourquoi
extet a été mis par Krueger, Studemund, et Huschke.

(100 *ter*) « The Institutes of Gaius and notes, critical and explanatory,
and copious alphabetical digest, » by James Muirhead, professor of the civil
law in the university of Edinburgh. Edinburgh, Clark, 1880, xxii-632, p. 80.

36. — Il n'y a encore que peu d'auteurs qui aient exprimé leur opinion sur le nouveau texte de Gaius : en Hollande, M. Goudsmit ; en France, M. Accarias ; en Allemagne, MM. Huschke et Pernice.

M. Goudsmit (101), heureux que l'on soit débarrassé pour toujours de la fausse leçon, pense que tout devient clair et évident avec la nouvelle. Le § 58 signifie simplement que, tandis qu'une révocation est indispensable d'après le sénatus-consulte pour effacer au profit de l'héritier externe les conséquences de l'usucapion *improba*, cette usucapion est de plein droit impossible lorsque l'héritier est nécessaire. Il considère comme vraisemblable que le mot *et*, qui se trouve devant *necessario*, soit un reste du mot précédent *esset ;* par suite, il le supprime.

37. — M. Accarias (102) est beaucoup moins affirmatif. Il estime qu'au cas d'héritier simplement nécessaire, nous sommes encore « dans l'incertitude », et que le nouveau texte *paraît* seulement *conduire* à l'impossibilité d'usucaper, solution d'ailleurs « plus satisfaisante ».

38. — D'après M. Pernice (103) « on hésita, dans l'ancienne jurisprudence romaine, sur le point de savoir si l'usucapion serait admise même au cas d'héritiers siens, et dans la nouvelle jurisprudence, on trancha la question négativement, Gaius (2, 58, d'après Studemund). La raison de douter venait de ce que la possession est, de sa nature, un fait. Aussi ne passe-t-elle pas de plein droit au *suus heres*, ce qui rend tout *furtum* impossible au préjudice d'une hérédité (L. 1, § 5, D. *si is qui test.* 47, 4). En écartant l'usucapion au cas d'héritier sien, on s'arrêta à une décision qui était l'inverse de ce qu'elle aurait dû être, par suite de la nature de fait de la possession ; mais on le décida ainsi, certainement d'abord à cause de la répulsion qu'inspirait en général l'usucapion *improba*, et aussi parce que, dans son ancienne forme, elle s'appliquait à l'hérédité tout entière. Il semblait contradictoire

(101) Studemund Vergleichung der veroneser Handschrift. Kritische Bemerkungen zu Gaius, von Goudsmit, prof. zu Leiden, uebersetzt von Sutro, 1er cahier, Utrecht, 1875 (p. 28-30).

(102) Précis de droit romain, t. I, 3e édition, Paris, 1879, p. 579, note 4.

(103) Marcus Antistius Labeo, das römische Privatrecht im ersten Jahrhunderte der Kaiserzeit, t. II, Halle, 1878, p. 199-200.

d'admettre à la fois, d'un côté, que l'hérédité serait acquise dès la délation, et d'un autre côté, qu'elle pourrait être enlevée en tout ou en partie à l'héritier par un tiers qui s'en emparerait sans droit. Sous la république, on n'a certainement pas songé à la possibilité d'admettre l'usucapion contre le *suus*. Mais quand, plus tard, on usucapa seulement les choses particulières, l'objection tombait ; on s'explique par là que la controverse ait continué. Par la solution à laquelle on s'arrêta, on reconnut implicitement la nature de fait de la possession. Cependant, nous n'avons pas là une raison suffisante pour affirmer que l'on eut conscience de son inconséquence » (104).

39. — Aucune de ces trois opinions ne donne une explication de nos textes à laquelle je puisse adhérer. Celle de M. Pernice est bien tourmentée, contestable en plusieurs points (105) et d'ailleurs il ne voit qu'une « inconséquence » dans la règle qui tient l'usucapion pour impossible. Cette règle est au contraire, à mes yeux, parfaitement logique, et j'espère le montrer. — M. Accarias me paraît à tort penser qu'il subsiste encore de « l'incertitude » en cas d'héritier nécessaire, car le nouveau texte de Gaius l'établit d'une manière qui la met hors de doute. — Quant à M. Goudsmit, il tombe, selon moi, dans l'excès opposé, en déclarant que, d'après les nouveaux §§ 58 et 201, « tout devient clair et évident ». Ces paragraphes nous apportent assurément une précieuse lumière, mais combien de questions relatives à l'usucapion *pro herede* restent encore dans l'ombre ! Combien même il y a encore de contradiction, au moins apparente, dans ce que Gaius lui-même nous en dit !

Pour n'en citer que deux exemples, d'un côté, le but

---

(104) Je crois avoir reproduit assez fidèlement la pensée de l'auteur, bien qu'elle m'ait paru assez difficile à saisir. J'ai été confirmé dans le sens que je donnais au texte par mon cher doyen et ami M. Lederlin, qui prête libéralement à ses collègues le secours de ses lumières personnelles et celui de sa bibliothèque, fort riche en ouvrages allemands.

(105) Au premier rang des assertions contestables de M. Pernice, est celle d'après laquelle tout *furtum* serait impossible au préjudice d'une hérédité, même lorsqu'elle est échue à un héritier sien. Le contraire résulte du nouveau § 201, Comm. III de Gaius, qui, après avoir dit qu'il n'y a pas de vol possible des choses héréditaires dont l'héritier n'a pas encore pris possession, ajoute *nisi necessarius heres extet*.

maturius adiri nous est indiqué comme le motif qui l'a fait établir, et, d'un autre côté, elle demeure possible après l'adition elle-même, tant que l'héritier n'a pas pris possession. Est-il donc si facile d'expliquer que le moyen d'atteindre le but continue à être employé quand le but est déjà atteint? — Autre contradiction : les choses héréditaires sont dites *nullius* tant que l'adition n'a pas eu lieu, et cependant c'est d'usucapion que l'on parle. Mais quand une chose est *nullius*, ce n'est pas par usucapion, c'est par simple *occupation* qu'elle s'acquiert!

Ces difficultés ne pourront être résolues que lorsque l'origine de l'usucapion *pro herede* sera mieux éclairée. C'est au *jus sacrum* qu'il faut, je le crois, demander des lumières sur cette origine. Loin de penser qu'il soit permis de « ne pas prendre au sérieux » les rapports qu'établit Gaius entre l'usucapion *pro herede* et les *sacra*, je suis, au contraire, convaincu que la recherche de ces rapports est la seule voie qui puisse ici conduire à une solution.

40. — Toutes les fois que l'on essaie de reconstituer (106) à l'aide d'un auteur ou d'un monument antique, quelque chose des institutions du passé, il importe de distinguer nettement ce qui est certain de ce qui reste livré à la conjecture, ou à l'hypothèse. S'interdire absolument cette dernière n'est ni désirable, ni même possible ; l'essentiel n'est pas de la bannir, c'est de la justifier et surtout de la présenter ouvertement pour ce qu'elle est. — Essayons donc de faire aussi nettement que possible, dans notre sujet, le partage entre la certitude et l'hypothèse ou conjecture.

41. — Voici d'abord ce qui est certain, d'après les textes nouveaux, §§ 58 et 201, de Gaius :

1° L'usucapion *pro herede* est impossible lorsqu'il y a un héritier nécessaire. *Rien* ne peut alors être usucapé; *nihil*, — c'est le mot que Gaius emploie dans les deux passages (107).

(106) La reconstitution du droit antique, celle même du droit préhistorique, si je puis ainsi parler, peut et doit se faire, tout aussi bien que celle des espèces animales disparues. Il y a là, comme une *paléontologie du droit*, qui n'a pas moins que toute autre son intérêt et son utilité, ses principes et ses méthodes.

(107) Gaius le répète, comme étant le mot propre. — Il se trouve déjà

2° Dans le § 58, Gaius présente cette règle comme incontestée.

3° Dans le § 201, il la présente comme admise après controverse (*placuit*).

Je n'hésite pas à ranger parmi les choses certaines et non conjecturales le *nihil usucapi* deux fois répété. Il est vrai que *nihil* n'est pas écrit en toutes lettres, mais seulement en abrégé ; les deux passages portent un N barré (108).

D'après les tables d'abréviations jointes aux éditions de Göschen et Lachmann et à l'*Apographum* de M. Studemund, la lettre ainsi barrée ne peut signifier que *nihil, nim, enim* et *nisi* (109). Nul doute que *nihil*, qui est d'ailleurs le mot pour lequel cette abréviation est la plus usitée d'après ces tables, ne soit le seul possible avant *usucapi*. Ni M. Studemund, ni aucun de ceux qui ont édité Gaius depuis son *Apographum*, n'ont fait à ce sujet la moindre difficulté et je ne pense pas qu'il puisse jamais y en avoir.

42. — Voici maintenant ce que je crois permis de conjecturer :

1° Le § 58 concerne l'héritier sien et nécessaire ; en sa présence, l'impossibilité d'usucaper est *incontestée* et *incontestable*.

2° Le § 201 est relatif à l'héritier simplement nécessaire ; la même règle a prévalu, mais *après controverse*.

3° L'impossibilité d'usucaper s'explique dans les deux cas par la même raison, savoir parce que tout héritier nécessaire

___

dans Cicéron (*ad Atticum*, V, 1) : « De Tadiana re mecum Tadius locutus est, te ita scripsisse, nihil esse jam quod laboraretur, quoniam hereditas esset. Id mirabamur te ignorare, de tutela legitima, in qua dicitur esse puella, *nihil* usucapi posse. » — Enfin plus de trois siècles après, Dioclétien et Maximien l'emploient encore dans leur rescrit. Il semble donc consacré. Remarquons qu'il convenait aussi bien à l'impossibilité d'usucaper l'hérédité elle-même qu'à celle d'usucaper les choses héréditaires en particulier. Faut-il en conclure, avec M. Leist (t. I, p. 199 de la continuation de Glück) que, déjà du temps de Cicéron, l'usucapion ne s'appliquait plus à l'hérédité elle-même ? La conclusion ne semble pas nécessaire, et il y a des raisons de croire que la transformation de l'usucapion a été postérieure à Cicéron.

(108) V. *supra*, nᵒˢ 34 et 35.

(109) *Index siglarum*, Gœschen, p. cx ; Lachmann, p. 468. — *Index notarum*, Studemund, p. 281. — Une fois seulement elle est mise pour *nihilo* dans *nihilo magis* (Gaius, 1, 137 a), avec *magis* écrit en toutes lettres.

acquiert de plein droit, non seulement la propriété, mais encore la possession de toutes les choses comprises dans la succession, en d'autres termes, parce qu'il a la *saisine*.

Incontestable, dans le cas d'héritier sien, la saisine n'aurait donc été admise qu'après controverse, dans celui où l'héritier est simplement nécessaire. — Essayons de justifier cette conjecture.

43. — La différence essentielle entre le § 58 et le § 201 ressort des termes mêmes dont se sert Gaius, disant *placuit* au § 201, sans rien de pareil au § 58.

Est-il besoin d'abord de faire remarquer que je ne tire pas cette différence de ce que les mots *ipso jure* se trouvent dans le § 58 et non dans le § 201 ? Sans doute, *ipso jure* se rapporte non à *extante*, comme l'avaient cru quelques personnes, mais à *usucapi ;* déjà M. Huschke l'avait fort justement pressenti (110), et cela ne saurait plus faire de doute aujourd'hui, le mot *nihil* étant rétabli entre *extante* et *usucapi*. Mais cela seul ne saurait prouver que la règle posée au § 58 aurait été à l'abri de controverse. En effet, quel est ici le vrai sens d'*ipso jure* ? C'est que l'impossibilité d'usucaper en présence d'héritier nécessaire découle *des principes mêmes du droit*, tandis que la révocation au profit de l'héritier externe découle *du sénatus-consulte*. Sans doute, le résultat définitif est le même, en ce sens que, dans les deux cas, l'usucapion n'est pas opposable à l'héritier. Toutefois, il n'est pas indifférent que l'usucapion soit révoquée par suite d'une rescision due au sénatus-consulte, ou qu'elle soit empêchée par l'application directe des principes eux-mêmes. C'est pour exprimer cette nuance que le § 58 renferme *ipso jure*, et non pour exclure toute idée de controverse, car la controverse se conçoit très bien sur l'*ipsum jus*. Notre sujet même en fournit la preuve, puisque nous voyons, au § 201, qu'il y a eu doute sur l'application à l'héritier simplement nécessaire de la règle d'*ipsum jus*, reconnue au cas d'héritier sien.

Quels sont donc les motifs qui me font restreindre le § 58 à l'héritier sien ? Pour l'entendre ainsi, il faut y lire *suo et necessario*, c'est-à-dire ajouter *suo* au texte donné par l'*Apographum*. Je n'hésite pas à proposer cette addition, déjà

(110) V. ci-dessus, n°⁸ 14, 22 et 28.

entrevue par Unterholzner (111), et à adopter sur ce point
l'opinion de M. Huschke (112), de préférence à celle de
MM. Polenaar, Studemund, Krueger, Gneist, Muirhead (113)
et Goudsmit (114).

Il n'est pas inutile de faire remarquer que le texte du § 58,
tel qu'il est lorsqu'on n'y ajoute pas *suo*, est, de l'aveu de tout
le monde, inacceptable. Tous s'accordent à le modifier ; la
question est de savoir ce qui vaut le mieux : y faire une suppression et même deux, ou y ajouter un mot. — Voyons les
raisons que l'on peut donner de part et d'autre.

Sur quoi se fonde la suppression ? M. Polenaar n'en donne
aucun motif. MM. Studemund et Krueger se contentent de
dire, comme allant de soi, que le mot *et* vient, par une inadvertance de copiste, du mot *esset*, qui termine le § 57. Quant
à MM. Goudsmit et Gneist, ils se bornent, le premier, à
trouver cette inadvertance « vraisemblable », sans rien ajouter, et le second, à approuver Studemund. En conséquence,
tous suppriment non seulement le mot *et*, mais encore le
point qui, dans l'*Apographum*, le sépare de *esset*.

M. Huschke en tient compte, au contraire. Il croit que le
point tient la place du mot *suo*, lequel aurait disparu du § 58,
non par hasard, mais par une interpolation fondée sur le
§ 201. — Que telle soit la cause qui a fait disparaître le mot
suo du § 58, cela n'est pas impossible, mais c'est douteux.
L'important est de savoir s'il pouvait s'y trouver et s'il s'y
trouvait en effet. Je crois que oui, par les raisons suivantes.

1) Au point de vue grammatical, *suo et necessario tamen
herede extante, nihil ipso jure usucapi potest*, est la leçon
la plus satisfaisante, tandis que l'on a une redondance
oiseuse des deux conjonctions *et* et *tamen*, si *suo* n'existe pas.
Il faut alors pour l'éviter procéder par voie de suppression.
Supprimer est sans doute facile, trop facile même ; mais,
dans le cas présent, le motif de la suppression est insuffisant.
En effet, il revient uniquement à supposer une inadvertance
du copiste, qui aurait écrit *et* après *esset*, uniquement parce

(111) V. *supra*, n° 20.
(112) V. n° 34 ci-dessus.
(113) V. *supra*, le n° 34.
(114) V. *supra*, n° 36.

qu'il venait d'écrire *esset*, et parce que le mot *et* se trouvait ainsi au bout de sa plume. — Je rappelle, en outre, qu'entre les deux mots il y a un *point*, dont nul ne conteste l'existence ; il faut donc le supprimer aussi, c'est-à-dire faire, je le répète, deux suppressions et non pas une seule. Sans doute, il arrive souvent que les *points* qui sont au manuscrit de Vérone n'ont pas de signification ; mais il arrive plus souvent encore qu'ils en ont une et qu'ils tiennent la place d'une lettre ou même de plusieurs lettres. Il nous est donc permis d'en tenir compte, au moins autant qu'il peut sembler permis de le négliger.

2) Sous le rapport juridique, on conçoit parfaitement qu'il ait pu y avoir une différence entre les deux espèces d'héritiers nécessaires et que la présence de l'héritier sien ait paru un obstacle à l'usucapion, plus évident que celle de l'héritier simplement nécessaire.

44. — Une observation préliminaire. Si cette différence existe en effet, Gaius la constate fidèlement par la manière même dont il s'exprime, usant pour le premier cas (§ 58) d'une affirmation pure et simple, tandis que pour le second (§ 201) il dit *placuit*. Si, au contraire, elle n'a pas existé, Gaius est en faute ; il a mal rédigé son § 58, en omettant d'y signaler une controverse importante ; son § 201 est seul exact, et encore n'est-il pas sans reproche, car l'héritier sien s'y trouve désigné avec l'esclave sous le seul terme de *necessarius*. Il y a là une négligence, ou tout au moins une manière de parler à laquelle Gaius ne nous a pas préparés ; c'est presque un piège qu'il nous tend, puisque, plus précis ailleurs, il garde pour l'esclave le mot *necessarius*, employé seul, et désigne l'héritier sien par les mots *suus et necessarius* (II, 152, 153, 156). — Assurément Gaius n'est pas infaillible ; il se peut qu'après avoir mal rédigé le § 58, il se soit repris au § 201 et que, là encore, il ait manqué de précision. C'est une conjecture qui a été proposée par M. Huschke (115). On ne peut pas dire qu'elle soit absolument inadmissible. Mais, si l'on peut expliquer Gaius sans lui faire les mêmes reproches, n'est-ce

(115) V. la préface, si pleine de choses, qu'il a mise en tête de son Gaius, p. 102, 4° édition, de Jurispr. antejustin. ; p. 18 de la 3° édition séparée de Gaius (où le renvoi est indiqué par erreur à la p. 102).

pas préférable ? N'y a-t-il pas là une première considération en faveur de l'opinion que je défends ? Ce n'est pas la seule, ni même la principale ; toutefois, je ne devais pas la passer sous silence.

J'arrive à celle qui me paraît décisive. — Il est aujourd'hui constant que la présence de tout héritier nécessaire, sien ou esclave, empêche l'usucapion *pro herede*. Il s'agit d'expliquer pourquoi il en est ainsi. Les explications que nous avons passées en revue (nᵒˢ 5, 12, 17, 32) ont toutes, sauf un très petit nombre d'exceptions, un défaut commun, qui est capital : la possession y est négligée, ou tout au moins reléguée au second rang. La propriété est ce qui préoccupe le plus ; souvent même c'est la seule chose dont on parle. C'est tout le contraire qu'il faut faire : le point de vue de la possession doit ici l'emporter sur celui de la propriété. — Il y a plus, on peut aller jusqu'à dire qu'ici la possession est tout et que la propriété n'est rien.

Déjà, avant Gaius, on avait un texte du Digeste qui le disait, *nec pro herede usucapi potest quod ab herede possessum est*, Pomponius, l. 29, *de usurp.* 41, 3 ; mais on ne le comprenait guère. Gaius nous a appris plus clairement que la condition fondamentale de l'usucapion *pro herede* c'est que celui qui prétend usucaper possède les choses de la succession le premier, c'est-à-dire *avant l'héritier* lui-même. La question est ainsi ramenée à savoir LEQUEL DES DEUX POSSÈDE LE PREMIER. Une fois qu'elle est posée en ces termes, et nous savons désormais qu'elle ne peut pas l'être autrement, on est conduit, par un raisonnement qui me semble péremptoire, à la conclusion que tout héritier nécessaire acquiert de plein droit la possession.

Quand l'héritier externe est devenu propriétaire par adition, cela n'empêche pas l'usucapion : au contraire, par cela seul qu'il y a un héritier nécessaire quelconque, sien ou esclave, l'usucapion devient impossible. L'obstacle ne saurait provenir d'une différence dans l'acquisition de la propriété, puisque l'adition une fois faite, il n'y a plus de différence, sous le rapport de la propriété, entre l'héritier externe et l'héritier nécessaire. Il faut donc qu'il ait une autre cause. Cette cause est la différence dans l'acquisition de la possession. L'héritier externe, même après avoir acquis par adition la propriété, peut ne pas avoir acquis en même temps la possession ; c'est un principe fondamental et élémentaire, que les textes expriment à plusieurs reprises en termes formels (116). Si sa présence et même son adition ne font pas obstacle à l'usucapion, c'est parce qu'il peut avoir la propriété sans avoir la possession, et que dès lors il peut se faire qu'un autre possède *avant* lui.

Si, à l'inverse, la seule présence d'un héritier nécessaire quelconque empêche l'usucapion, c'est parce que la possession lui est acquise de plein droit, en même temps que la propriété, à l'instant même où meurt le *de cujus*. Dès lors, la condition essentielle de l'usucapion est irréalisable. Jamais celui qui prétend usucaper ne pourra avoir possédé *avant l'héritier*, puisque celui-ci possède au moment même où le *de cujus*, en cessant de vivre, a cessé de posséder. Il n'y a pas d'interruption de possession; tout est là. — Il est vrai qu'il n'y a pas non plus d'interruption de propriété ; mais la continuation légale de la propriété, si elle était seule, n'empêcherait pas l'usucapion; car Pomponius ne nous dit pas *nec pro herede usucapi potest quod* HEREDIS *fuit*, mais bien *quod* AB HEREDE POSSESSUM *est*. Ce qui l'empêche, c'est qu'il y a aussi continuation légale de la possession. Or continuation légale de possession, non interruption dans la possession, acquisition de plein droit de la possession, sont autant de manières d'exprimer une seule et même idée, et se résument en un mot, la saisine (117).

45. — Le raisonnement qui précède ne s'applique pas moins à l'héritier simplement nécessaire qu'à l'héritier sien ; il établit donc la saisine du premier aussi bien que celle du second. Il faut maintenant expliquer comment celle de l'esclave a pu soulever une controverse, qui n'a pas dû exister au sujet de celle de l'héritier sien.

On reconnaissait au fils une sorte de copropriété *vivo patre*; nous le savons par Paul (l. 11 Dig. *de lib. et post.* 28, 2). C'était une conséquence naturelle de la copropriété de fa-

(116) V. entre autres la l. 23, Dig. de acq. vel amitt. possess., 41, 2.
(117) Sur le raisonnement inverse, dans l'hypothèse où Gaïus aurait dit *usucapi potest*, comme on le croyait avant 1874, V. ci-dessus; n° 21.

mille. Par cela même, on devait aussi lui reconnaître une sorte de *copossession*. L'époque à laquelle remonte la copropriété de famille est tellement reculée que l'on ne devait pas alors distinguer la propriété et la possession. C'est là une distinction, fort exacte sans doute, mais délicate et raffinée, qui suppose un état de civilisation déjà fort avancé et qui n'a dû, par suite, s'introduire que beaucoup plus tard. La propriété et la possession étant confondues, la copropriété *vivo patre* entraîne forcément la copossession *vivo patre*. On n'a exprimé en termes formels et explicites que la première (118), mais la seconde s'y trouve implicitement renfermée. Dès lors, on ne pouvait pas reconnaître la copropriété du fils, sans reconnaître en même temps sa copossession. En conséquence, si, par suite de sa copropriété *vivo patre*, il avait de plein droit, à la mort du père, la copropriété de toute la succession, il fallait bien que, par suite de sa copossession *vivo patre*, il en eût de même la possession de plein droit. L'enchaînement est si naturel, si forcé, qu'il ne laisse pas de place à la controverse. Voilà pourquoi il n'y en avait pas sur l'impossibilité d'usucaper en présence d'un héritier sien, et pourquoi, selon moi, il ne pouvait même pas y en avoir.

(118) C'est du moins ce qui a lieu d'ordinaire; toutefois il n'est pas sans exemple que la *copossession* elle-même des héritiers siens, et non pas seulement leur copropriété, soit exprimée en termes formels. On la trouve explicitement désignée dans un texte maintes fois cité, mais dont personne ne paraît avoir soupçonné l'importance à ce point de vue. Dans le panégyrique de Trajan (n° 37), Pline, parlant de l'impôt sur les successions (*vicesima hereditatum*), insiste sur la différence essentielle qui sépare les héritiers *extranei* de ceux qu'il appelle *domestici*. Cette différence, dit-il, a fait exempter ces derniers du nouvel impôt, lorsqu'il a été établi par Auguste, car ils auraient supporté avec trop de peine, ou plutôt même ils n'auraient pas supporté *destringi aliquid et abradi bonis quæ, sanguine, gentilitate, sacrorum denique societate meruissent, quæque nunquam ut aliena et speranda, sed ut sua* semperque possessa, *ac deinceps proximo cuique transmittenda cepissent.* Après avoir exprimé par le mot *sua* la copropriété, Pline ne croit pas inutile d'ajouter en termes explicites que les héritiers *domestici* ont aussi la copossession, *semperque possessa.* — Dira-t-on que ces derniers mots sont une pure redondance, qu'ils sont là pour arrondir la période, mais non pour exprimer une idée juridique? Je répondrai que Pline était de profession, non pas un littérateur, mais bien un avocat, célèbre même par nombre de causes qu'il avait plaidées avec éclat; préteur à Rome, plus tard gouverneur de province (Bithynie), il ne pouvait ignorer la valeur juridique des mots qu'il employait, et nous avons déjà vu que la langue du droit lui était bien connue (*supra*, note 53).

Pour l'esclave, on comprend qu'il y ait eu plus de difficulté. Sa copropriété *vivo domino* ne va pas de soi, et par suite sa copossession non plus. Pour me servir du terme même du jurisconsulte romain, je dirai avec Paul que la chose n'est pas alors aussi *évidente* (119). Toutefois, après hésitation, on y arriva : *placuit* du § 201 de Gaius. C'était d'ailleurs ce que voulait la logique : l'esclave acquérant de plein droit la propriété de toute la succession, il était logique qu'il en acquît également de plein droit la possession.

Avant de terminer sur l'héritier simplement nécessaire, remarquons que ni sa copropriété ni sa copossession ne rencontraient d'obstacle insurmontable dans les *sacra*, qu'il importe de ne pas perdre de vue. Loin d'être étranger au culte de son maître, l'esclave y était, au contraire, associé (120). Aussi n'est-il pas impossible de lui appliquer, sinon la qualification d'*heres suus* qui reste propre au fils, au moins celle de *domesticus heres* (121). Dans tous les cas, il est certain qu'il est toujours, avec l'héritier sien, opposé à l'*heres extraneus*.

46. — Il me reste à expliquer la loi 2 au Code. N'est-elle pas contraire à l'opinion que je viens d'exposer? Ne prouve-t-elle pas que l'impossibilité d'usucaper en présence d'héritiers siens était controversée à Rome? — On l'a cru jusqu'à présent, et les mots *magis obtinuit* du rescrit en ont paru la preuve.

Je répondrai d'abord que, même en supposant établie l'existence d'une controverse au temps de Dioclétien, cela ne prouve pas qu'elle aurait existé dans le droit antérieur, et en particulier du temps de Gaius. Si l'impossibilité d'usucaper se rattache, comme nous le croyons, à l'ancienne copropriété de famille, on conçoit qu'à l'époque de Dioclétien elle ait soulevé des doutes qui pouvaient très bien ne pas exister

(119) Quand Paul, loi 11, *cit.*, dit *in suis heredibus* EVIDENTIUS *apparet*, la comparaison qu'il établit est, sans doute, avec les héritiers simplement nécessaires, pour lesquels la *continuatio dominii* est moins *évidente* ; Cpr. Huschke, Zeitschrift f. gesch. Rw., p. 170, note 27; Machelard, Interdits, p. 81, note 1.

(120) V. entre autres, Cic. de legibus, II, 11 (27) « ...neque ea, quæ a majoribus prodita est cum dominis *tum famulis*... religio Larum.

(121) V. le passage de Pline, note 118.

à des époques précédentes, alors que les anciennes traditions n'étaient pas aussi effacées.

Je répondrai en second lieu que, même pour le temps de Dioclétien, il n'est nullement établi qu'il y ait eu controverse. La leçon *magis obtinuit*, si universellement adoptée qu'elle soit, n'est rien moins que certaine. Le mot *magis* paraît devoir être rejeté (122) et il l'a été en effet par M. Krueger dans la nouvelle édition du *Corpus juris*, actuellement en cours de publication à Berlin (123).

Si l'on supprime le mot *magis*, le rescrit n'éveille plus nécessairement l'idée d'une controverse à laquelle il viendrait mettre fin. — Peut-être dira-t-on que le mot *obtinuit* suffit à lui seul pour montrer qu'il y avait un doute. C'est une interprétation possible, mais une autre l'est aussi. On peut ne voir dans ce terme qu'une manière de rappeler un principe qui, reçu de tout temps, s'impose comme une règle traditionnelle, dont, par suite, on ne veut pas s'écarter, bien que peut-être on n'en aperçoive plus très-nettement le motif. Si le motif est, comme je l'ai dit, l'ancienne copropriété de famille et la saisine qui en découle, il n'est pas surprenant que l'on ne s'en rende plus bien compte au temps de Dioclétien.

La loi 2 ainsi entendue n'est pas autre chose que la reproduction de la règle déjà contenue au § 58 de Gaius. Les termes sont identiques, sauf que les mots *ipso jure* y sont sous-entendus, comme ils l'étaient, du reste, par Gaius lui-même, dans son § 201.

47. — Si l'on ne veut pas accepter cette interprétation des §§ 58 et 201 et de la loi 2, si l'on veut absolument que la controverse au cas d'héritier simplement nécessaire ait, déjà avant Gaius, existé aussi pour le cas d'héritier sien, cela ne renverse nullement l'explication que je fonde sur la

---

(122) Il semble ne s'être glissé dans quelques manuscrits que parce que le copiste trouvait naturel de le mettre avant *obtinuit*.

(123) Édition où M. Mommsen a donné le Digeste et M. Krueger, le Code (1875). M. Krueger considère même le mot *magis* comme ajouté si évidemment à tort par des copistes mal inspirés, qu'il n'indique pas seulement en le supprimant, que *magis* se trouve dans presque toutes les éditions ; du moins, toutes celles que j'ai vues le portent. — En cela, l'édition de M. Krueger est moins complète que celle de Kriegel, qui admettait *magis*, mais qui avait soin d'indiquer les manuscrits et les éditions où il était omis.

saisine. En effet, la loi 2 au Code, au lieu de reproduire le § 58 comme je l'entends, reproduirait le § 201 de Gaius, comme l'entendent ceux qui l'appliquent à l'héritier sien. Il faudrait alors supposer que la controverse aurait continué après Gaius, malgré le *placuit* du § 201. En outre, on aurait à se demander pourquoi le rescrit, au lieu de poser la règle pour tous les héritiers nécessaires, n'aurait parlé que des héritiers siens. Ce pourrait être simplement parce que dans l'espèce sur laquelle les empereurs avaient à statuer, il s'agissait d'héritiers siens. — Cette manière d'entendre nos textes ne me semble pas aussi satisfaisante que celle que j'ai exposée. La saisine héréditaire ne s'en dégage pas aussi bien ; toutefois elle se concilie parfaitement avec elle. Il est nullement impossible qu'il ait existé à Rome une controverse sur la saisine des héritiers siens eux-mêmes et spécialement sur les effets de cette saisine par rapport à l'usucapion *pro herede*. On sait combien de questions controversées a soulevées et soulève encore la saisine, dans le droit germanique et dans le droit français actuel. On conçoit donc très bien qu'elle en ait aussi soulevé à Rome. Toutefois je persiste à croire que l'impossibilité d'usucaper *pro herede* lorsqu'il y a des héritiers siens, a dû être admise comme incontestable par tous les jurisconsultes romains.

48. — J'ai essayé de montrer comment l'usucapion *pro herede* et son impossibilité en présence de tous les héritiers nécessaires prouvent que ces héritiers acquéraient tous de plein droit, non seulement la propriété, mais encore la possession, en d'autres termes, qu'ils avaient la saisine. J'ai dit un mot, mais un mot seulement, des rapports qui existent entre la saisine et la copropriété de famille, dont la saisine est une conséquence directe et immédiate. Une étude spéciale sur les autres traces que la copropriété de famille a laissées dans le droit romain, est distincte, sans doute, de celle qui précède, mais elle en forme un complément naturel. Nous pourrons l'aborder, si la patience des lecteurs de la *Revue* n'est pas lassée, et nous aurons l'occasion de leur soumettre à ce sujet quelques aperçus peut-être nouveaux, sur divers points encore fort obscurs, tels que la *gens* et ses rapports avec l'*agna-*

tio (124), la non-dévolution dans l'ordre des *legitimi* (125), l'origine de la *bonorum possessio*, les motifs de son établissement et la première nature de cette grande institution prétorienne. Peut-être même leur demanderons-nous la permission de ne pas nous renfermer exclusivement dans le droit romain, comme nous l'avons fait jusqu'ici. Des sujets tels que la copropriété de famille, la saisine et la gentilité sont de ceux qui doivent être éclairés par la comparaison des législations, spécialement par celle du droit de toutes les branches de la race aryenne. Non seulement le droit grec et le droit germanique peuvent être mis à contribution sous ce rapport, mais encore celui des Slaves et des Hindous sans excepter celui des Celtes. Quant à ces derniers, sans tomber dans l'exagération, relativement au profit que l'on peut attendre de l'étude de leurs institutions, il faut se garder aussi de l'excès opposé, comme s'il était démontré qu'il n'y a rien à en espérer. Je crois, au contraire, qu'il peut fournir de précieuses lumières, pourvu que les recherches soient bien dirigées et que l'on ne prétende pas en tirer, comme on l'a fait trop souvent, tout autre chose que ce qu'il renferme.

(124) Pour ceux qui considèrent la gentilité comme une espèce de parenté, la pierre d'achoppement a toujours été la quasi-impossibilité de fixer la ligne de démarcation entre elle et l'agnation. C'est ce qui a décidé quelques-uns à la considérer, non comme un lien de parenté ou de génération, mais comme un lien purement politique et religieux. — Selon moi, la gentilité est une véritable parenté, ni plus ni moins que l'agnation, qui en est sortie. Les transformations, par lesquelles les *gentiles* sont devenus des *agnats*, ne sont autres que celles par lesquelles la propriété collective représentée par la gentilité est devenue la propriété individuelle représentée par l'agnation.

(125) Cette non-dévolution, si difficile à expliquer dans toutes les autres opinions, s'explique de la manière la plus simple et la plus naturelle, dans celle que j'adopte sur la gentilité et sur ses rapports avec l'agnation.

Corbeil. — Typ. et stér. Crété